하나님의 지팡이를 잡아라

당신이 하나님을 더 깊이 알아 가고 더 널리 알리는 사람이 되는 것, 이 책에 담긴 예수전도단의 마음입니다. 말씀을 통해 저자가 깨닫고, 원고를 통해 저희가 누릴 수 있었던 그 감동이 책을 통해 당신에게도 전해지기 원합니다. 그리고 당신을 통해 그 기쁨과 은혜가 더 많은 이들에게 계속해서 흘러가기를 기도하겠습니다. 이 책을 통해 당신이 받은 은혜를 다른 분들에게도 나눠 주십시오. 사랑하고 축복합니다.

ⓒ 윤필립 2018

본 저작물의 저작권은 도서출판 예수전도단에 있습니다.
저작권법에 의해 보호받는 저작물이므로 무단 전재와 복제를 금합니다.

하나님의 지팡이를 잡아라

윤필립 지음

예수전도단

추천사

윤필립 선교사의 첫 책이 나온 지 6개월 만에 두 번째 책 소식을 듣고 깜짝 놀랐습니다. 선교지의 바쁜 일정 가운데 이 책이 세상에 나온 것은 하나님의 역사가 분명합니다. 이는 전적으로 윤 선교사님과 함께하시는 하나님의 지혜이며, 하나님의 산 역사가 선교 현장에서 날마다 넘치고 있다는 증거입니다! 할렐루야!

　세상에 쉬운 일은 없다고 말합니다. 특히 이 시대는 교회 개척은 물론이고, 해외 선교는 어렵고 힘들다고 주저하며 시작도 못하고, 이를 시도하려는 사람조차도 말리는 실정입니다. 그러나 윤 선교사의 사역을 보면 교회개척과 선교사역이 쉬워 보이기까지 합니다. 그 비결은 그가 날마다 하나님의 지팡이를 사용하기 때문입니다. 그래서 그의 사역은 언제나 역동적입니다. 이 책은 우리의 부르심을 성취하는 하나님의 놀라운 지혜를 우리에게 전합니다. 이 책을 읽는 사람마다, 하나님의 지팡이를 잡고 부르심을 성취하시길 축원합니다.

나겸일 원로목사
주안장로교회

25살의 젊은 청춘에 선교사가 되어 필리핀 땅을 디딘 윤필립 선교사는 하나님 보시기에 그리고 사람이 보기에도 참 귀한 사람이다. 선교 초창기 시절에 많은 고난과 우여곡절이 있었지만 결코 좌절하지 않았다. 역경 속에서도 하나님이 주시는 부르심을 찾고 또 찾아서 오늘 같은 사역을 할 수 있었다. 그런 경험이 있었기 때문에 윤 선교사는 부르심의 중요성과 부르심을 성취하는 방법을 누구보다 분명하게 깨달은 사람이다.

요즘 젊은이들 중에는 꿈과 비전, 목표가 흐릿해서 부르심이 무엇인지 모르고, 그것을 어떻게 성취해야 하는지도 모르는 경우가 많다. 그런데 이 책은 어떻게 부르심을 발견하는지, 그리고 이를 어떻게 성취할 수 있는지에 대하여 쉽고 자세하게 설명한 명쾌한 책이다. 짧은 일생 동안 부르심을 어떻게 이뤄야 할지 고민하는 사람은 이 책을 꼭 읽어보길, 적극 추천한다.

이태희 원로목사
성복교회

윤필립 선교사는 기적을 몰고 다니는 사람입니다. 그가 필리핀 땅에서 이루고 있는 선교 사역은 하나님께 100% 헌신하는 일꾼만이 이뤄 낼 수 있는 기적적인 열매입니다. 그는 젊은 나이에 빈손으로 필리핀 선교지로 가서 오로지 하나님만을 의지하여 기적을 이뤄 냈습니다.

제가 윤필립 선교사를 처음 만난 것은 3년 전 두레수도원에서 진행하는 10일 금식수련모임에서였습니다. 그와 함께 지내본 사람들은 누구나 느끼게 됩니다. 그가 복음 전도에 얼마나 뜨거운 열정을 지닌 사람인지를 말입니다. 예나 지금이나 성령님은 그런 열정의 일꾼을 찾으십니다. 찾으시고 뽑으시고 능력을 주십니다. 그리고 열매를 거두게 하십니다.

이번에 윤필립 선교사가 온 몸으로 기록하여 책으로 출간되는 『하나님의 지팡이를 잡아라!』는 읽기 시작하면 마지막까지 놓을 수 없는 글입니다. 글 속에서 그의 열정과 순수함과 충성됨을 만날 수 있습니다. 한국교회에 윤필립 선교사와 같은 젊은 선교사가 있다는 사실이 고마운 일입니다. 이런 선교사들이 한국교회를 빛낼 것입니다.

"불이 탐으로 존재하듯이 교회는 선교함으로 존재한다."
독일의 한 신학자가 남긴 말입니다.

그렇기에 윤필립 선교사와 같은 최전선의 일꾼이 소중합니다. 그가 청춘을 걸고 구령사업에 헌신하고 있는 필리핀 선교지역이 바로 한국교회의 최전선입니다. 전선의 전사 들에게 후방에서의 보급이 중요합니다. 한국교회는 교단을 초월하고 개교회를 초월하여 이런 선교사를 지원해야 합니다.

바라기는 이 글을 읽는 많은 성도가 윤필립 선교사의 사역에 음으로 양으로 동참할 수 있게 되기를 기대하며 추천의 글을 대신 합니다.

김진홍 목사
두레수도원

2018년 봄, 윤필립 선교사가 사역하는 필리핀중앙교회를 방문했습니다. 성도가 갈급함과 순수함, 열정과 충성심이 마치 80년대의 한국교회를 보는 것 같아 윤 선교사의 필리핀 사역에 큰 감동을 받았습니다.

이번에 귀한 책이 나온 것을 환영합니다. 이 책은 부르심에 온전히 반응하여, 자기 지팡이를 내려놓고 하나님의 지팡이를 손에 잡은 모세 같은 목회자 한 사람을 통해서, 성경적인 온전한 교회를 세우고 싶은 하나님의 소망을 알려줍니다. 또 하나님의 지팡이를 잡은 목회자 한 사람이 세워질 때, 하나님의 나라를 위해 준비된 여호수아와 아론, 훌이 지금도 일어나는 것을 증거합니다. 그래서 목회는 목회자 한 사람이, 선교는 선교사 한 사람이 하는 것이 아니라, 부르심에 눈을 뜬 지도자와 각자의 부르심에 반응한 여러 평신도들이 연합하여 함께 이루어가는 것이라 말하면서, 구체적인 방법과 선교적 경험을 전하고 있습니다.

이 책은 지도자의 부르심과 성도들의 부르심이 어떻게 연결되어 있으며, 각자가 부르심을 어떻게 연합하여 성취하는지를 자세히 설명하는 탁월한 책입니다. 주님 안에서 이 책을 기쁘게 권합니다.

정성진 위임목사
거룩한 빛 광성교회

그는 행동의 사람이다. 내가 10년을 사귄 그 남자는 가만히 앉아 책을 읽는 사람이 아니었다. 그런데 책 1권을 읽지 않던 사람이 1년 동안 2권의 책을 저술한 저자가 되었다. 그것도 첫 작품이 한 인터넷 기독 쇼핑몰에서 1년 중 가장 많이 팔린 4위에 올랐다. 간증 부문에서는 단연 1위였다. 행동의 사람인 그는, 목표가 정해지면 온 힘을 다 쏟아 붓는다. 은혜를 사모할 때든, 기도할 때든, 심지어 놀 때든 그야말로 몰입한다. 그러다보니 다른 사람과 공유할 수 있는 가치 있는 스토리가 항상 만들어지는 것 같다. 그는 열정 가득한 행동의 사역자다.

그의 필리핀 제자들 역시 마치 그의 영혼이 복제된 것처럼 열정으로 가득 차 있다. 한국 등 세계 여러 나라에서 많은 사역자가 그와 그의 사역을 돕기 위해 필리핀을 방문한다. 그러다가 그와 그의 사역에 매료되고, 그것을 배우고 싶어 결국 두 번째 방문을 결정한다. 이 책을 읽어라! 생각보다 큰 자극을 받을 것이다.

한 가지 더, 그는 나를 스승이라 한다. 하지만 내가 오히려 그에게 본받고 싶은 것이 하나 있다. 그의 착한 성품이다. 하나님 앞에서 성품은 은사를 앞선다. 나는 그가 작은 감정을 하나라도 실어서 누구를 비난하는 것을 본 적이 없다. 자신에게 크게 억울함을 안겨준 사람에 대해서도 끝까지 좋은 부분만을 이야기한다. 존경하고 사랑하는 리더에게서 예기치 않은 상처를 지속적으로 겪어본 사람이라면, 그 고통이 얼마나 큰지를 가늠할 것이다. 그러나 그는 그런 상황에도 그를 위해 고마움과 선함만을 이야기했다.

그는 지도자를 존경하고 목숨 걸고 따르라는 가르침을 전할 자격이 있다. 이 책을 성도들에게 읽게 하면 순종의 큰 변화가 성도들에게 임할 것이다. 나에게는 없는 그런 선함이 그에게는 있다. 나는 그의 이런 점이 부럽다. 그래서 나는 그의 글이 가치 있다고 생각한다. 마음과 글이 다르지 않다. 어떤 책이 되었든 '무슨 내용이냐' 보다, '그가 누구냐'가 더 중요하지 않을까 싶다. 그래서 기쁜 마음으로 그의 글을 기꺼이 추천한다.

이광섭 담임목사
예수세계교회

한 때, 한국교회는 '모으는 목회'로 세계가 놀랄만한 승리와 열매를 경험했다. 그러나 위기의 늪에 빠진 한국교회가 위기 돌파를 위해 안간힘을 쓰는 이때, 윤필립 선교사는 한국교회가 나아가야 할 방향과 다음 단계의 패러다임을 과감히 제시했다. 그는 '모으는 목회'에서 '보내는 목회'로의 전환을 삶과 필리핀 사역을 통해 보여주었다. 제자 훈련과 교회 개척으로 폭발적인 교회배가 운동을 일으키는 그의 사역 역시 방향성을 잃은 한국교회가 주목해야 할 하나님의 움직임이다.

윤 선교사는 사역 초기에 큰 실패와 좌절을 경험했다. 그러나 그것으로 넘어지지 않고, 오히려 디딤돌과 도화선이 되어 지금의 열매를 거두었다. 그래서 이 책은 한 사람을 향한 부르심을 이루시는 하나님의 열정과 그 과정을 잘 말하고 있다. 부르심의 씨름과 여정을 설명하는 이 책 안에 흐르는 영성이 매우 탁월하다. 그래서 먼저는 목회자들에게, 그리고 모든 평신도 지도자에게 이 책을 적극 추천한다.

박호종 담임목사
더크로스쳐치/한국기도의집 대표

추천사 4
프롤로그 16

1장   하나님의 부르심에 응답하라

하나님께서 모세를 부르셨다 20
하나님께서 모세를 부르신 이유 27
인생에서 가장 중요한 2가지 결정 34
하나님 수준의 부르심 39
잘못된 질문 : '내가 누구 관대?' 42
옳은 질문 : '당신은 누구시관데?' 47
하나님을 묵상하는 사람 VS 자신을 묵상하는 사람 54
부르심이 성취되는 위대한 묵상 56
'사명(使命)' 58
내가 너와 함께 있으리라 64

2장 목자의 지팡이와 하나님의 지팡이

'목자의 지팡이'를 내던져라 72
'하나님의 지팡이'를 잡는법 74
모세의 갈등 78
뱀 꼬리를 잡았던 사람들 79
뱀 꼬리 잡기를 결정한 사람들 83
뱀 꼬리를 잡겠다는 사람들 86
누가 나를 위해 감옥에 함께 가겠습니까? 90
목자의 생명, '목자의 지팡이' 99
모세가, 하나님의 지팡이를 손에 잡았더라 105

3장 모세의 지팡이가 사라지다

사라진 목자의 지팡이 110
'하나님의 지팡이'로 하나님의 일을 하는 사람들 113
'나의 지팡이'로 하나님의 일을 하는 사람들 117
'자기 지팡이'를 잡은 자마다 부르심에 실패한다 125
'자기 지팡이'를 잡은 사람들의 착각 127

4장   하나님의 지팡이를 잡으면 달라진다

나도 없고, 내 것도 없는 사람	132
모세의 위대한 변화	134
홀연히 등장한 여호수아	137
여호수아를 깨운 건, 다름 아닌 모세	141
뭔가를 잡고 일어서기 시작한 사람들	143
'하나님의 무엇'을 잡고 일어선 '강력한 군대'	149
'하나님의 무엇'을 잡고 일어선 사람들의 '후손'	157

5장   부르심은 함께 완성된다

나는 누구인가? : 나는 누군가의 백성이다!	164
'모세의 부르심' 안에 숨겨진 '백성의 부르심'	168
부르심의 우선순위	174
나의 모세는 누구인가?	177
나는 누구인가? : 나는 누군가의 모세다!	180
잠자는 부르심을 깨워라	182

6장   부르심에 거룩하게 미쳐라

좁은 리더 vs 넓은 리더	188
시야가 넓었던 요셉	190
성도의 사명을 이루어줘야지!	193
모세의 사명을 이루어 드려야지!	204
'아론의 부르심'의 특이한 구조	205
'요단 동쪽'은 보너스	214
모세의 기도 vs 백성의 기도	218
부르심 성취의 첩경	219
하나님의 지팡이가 필요한 사람들	225
에필로그	238

프롤로그

청춘의 피가 들끓던 21살, 나는 생의 마지막 절벽에 서있었다. 하루하루 죽음만을 생각하며 비굴한 삶을 연명했다. 마치 죽기 위해 애쓰는 사람처럼 나 자신을 끝으로 끝으로 계속 몰아갔다.

그런데, 그런 나를 부르셨다. 처절한 고통 가운데 울부짖던 나를 하나님께서 부르셨다. 부르심에 대한 확신이 언제부터였는지는 중요하지 않다. 하나님께서 나를 부르신 그 순간부터 나는 오로지 하나님만을 향해 달려갔다. 다른 어떤 것도 눈에 보이지 않았다. 내 인생의 목표는 오직 주님 한 분뿐이었다. 그렇게 내 인생은 죽음에서 생명으로, 비참한 루저에서 택함 받은 1%로 완전히 달라졌다.

이 책은 하나님의 뜻을 이루는 특별한 방법을 전하고자 쓰여 졌다. 그 엄청난 은혜의 비밀을 전하며, 나 자신 역시 뜨거운 감격을 주체할 수 없었다.

하나님은 우리 각자에게 빛나고 아름다운 부르심을 주셨다. 그리고 그 위대한 부르심을 이룰 수 있는 능력 또한 우리에게 주셨다. 우리는 모세가 자신의 지팡이를 버리고, 하나님의 지팡이를 잡는 순간부터 일어났던 수많은 기적을 잘 알고 있다. 보잘 것 없던 인생이 역사에 길이길이 남을 최고의 리더로 뒤바뀐 그 정점에, 바로 '하나님의 지팡이'가 있다. 이제 그 능력의 지팡이를 잡을 것인지, 여전히 부족한 나의 재능만을 의지할 것인지는 우리의 선택에 달렸다.

책을 쓰는 동안 다시 한 번 하나님 앞에 무릎을 꿇었다. 내가 가진 모든 것이 모두 하나님의 것임을 철저하게 인정하고, 아직도 버리지 못한 나의 지팡이를 모두다 하나님께 드렸다. 그리고 거룩한 능력의 지팡이, '하나님의 지팡이'를 꽉 잡았다. 앞으로 나에게 일어날 선한 역사와 기적들을 기대하며 말이다.

'하나님의 지팡이'를 잡는 자마다 부르심이 성취되는 기적과 은혜를 경험하게 될 것이다. 분명 그렇게 될 것이다!

오늘도 하나님은 내게 물으신다.
"필립, 지금 네 손에 있는 것이 무엇이냐?"
"네, 아버지! 하나님의 지팡이입니다!"

2018년 7월
필리핀에서 윤필립

하나님은 사람을 부르시고, 부르심을 주신다.
놀라운 것은 그 부르심의 수준이다.
나약한 우리에게 인간 수준의 얕은 부르심을 주신 것이 아니다.
하나님 수준의 크고 원대한 부르심을 우리에게 주신다.
하지만 그 부르심을 이루는 위대한 삶은
아무에게나 주어지지는 않는다.
나의 부족함을 깨닫고,
하나님의 위대하심을 묵상하는 사람에게만 주어지는 특권이다.
누구나 누릴 자격은 있지만,
아무에게나 주어지지 않는 특별한 선물이다.

지금 바로, 하나님의 부르심에 응답하라!

1장

하나님의 부르심에 응답하라

하나님께서 모세를 부르셨다

여호와께서 그가 보려고 돌이켜 오는 것을 보신지라 하나님이 떨기나무 가운데서 그를 불러 이르시되 '모세야 모세야' 하시매 그가 이르되 내가 여기 있나이다(출 3:4)

어느 날, 하나님은 갑자기 모세를 부르셨다. 그리고 모세를 부르신 이유를 말씀하셨다. 바로 이스라엘 백성이 애굽에서 간절히 부르짖었기 때문이다.

7 여호와께서 이르시되 내가 애굽에 있는 내 백성의 고통을 분명히 보고 그들이 그들의 감독자로 말미암아 부르짖음을 듣고 그 근심을 알고 8 내가 내려가서 그들을 애굽인의 손에서 건져내고 그들을 그 땅에서 인도하여 아름답고 광대한 땅, 젖과 꿀이 흐르는 땅 곧 가나안 족속, 헷 족속, 아모리 족속, 브리스 족속, 히위 족속, 여부스 족속의 지방에 데려가려 하노라 9 이제 가라 이스라엘 자손의 부르짖음이 내게 달하고 애굽 사람이 그들을 괴롭히는 학대도 내가 보았으니 (출 3:7-9)

매우 중요한 부분이다. 하나님은 모세가 기도했기 때문에 모세의 기도에 응답하시려고, 모세를 찾아오시고 모세를 부르신 것이 아니었다. 그렇다고 사랑하는 이스라엘 백성들이 애굽에서 심한 고통을 받았기 때문에, 모세를 찾아오시고 모세를 부르신 것도 아니었다.

그렇다면 하나님이 모세를 부르신 이유는 무엇이었을까? 바로 이스라엘 백성들이 애굽에서 간절히 부르짖었기 때문에, 하나님은 모세를 찾아오시고 모세를 부르신 것이다. 백성들의 고난 때문에 모세를 찾아오신 것이 아니라, 백성들의 부르짖는 기도 때문에 모세를 찾아오셨다.

> [10] 이제 내가 너를 바로에게 보내어 너에게 내 백성 이스라엘 자손을 애굽에서 인도하여 내게 하리라 [11] 모세가 하나님께 아뢰되 내가 누구이기에 바로에게 가며 이스라엘 자손을 애굽에서 인도하여 내리이까(출 3:10-11)

시대적 배경은 이렇다. 당시 애굽에는 '함의 후손' 다수와 '셈의 후손' 소수가 함께 살았다. 요셉이 총리였던 시절의 15~16대 애굽 왕조B.C 1720~1570였던 힉소스 족Hyksos은 유대인과 같은 '셈의 후손'이었다. 애굽인은 그들을 '외국에서 온 통치자'라는 뜻의 '힉소스'라고 불렀다. 그러니까 외부에서 유입된 이주민인 소수의 셈 계열이 현지 토착민이었던 다수의 함 계열을 정복한 흔치 않은 구조였다. 그야말로 굴러온 돌이 박힌 돌을 빼버렸다.

비록 요셉이 배경 없는 노예이며 죄를 범한 죄수라 하더라도, 지배층인 힉소스 왕조는 유대인과 같은 셈의 후손이었다. 피지배층인 함의 후손 현지인들보다 차라리 죄수 요셉을 신뢰했다. 노예였으며, 또 죽을 수밖에 없는 죄수 요셉 역시 살기 위해서라도 같은 혈통인 힉소스 왕조에 절대 충성할 수밖에 없는 상황이었다. 그러니 신뢰할 수 없는 함 계열보다는 노예 요셉에게 전권을 맡기는 편이 오히려 안전했다.

당시 요셉은 애굽을 넘어 중동 전체에서 엄청난 부를 싹싹 긁어모아 왕께 드렸다. 그 때문에 요셉이 살았을 때만 해도 힉소스 왕조는 하늘 높을 줄 모르며 승승장구했다. 그러나 부를 독식한 힉소스 왕조에 대한 백성들의 분노 때문이었는지, 희대의 총리였던 요셉이 역사의 무대에서 사라지고 나서는 또다시 정권이 바뀐다. 함 계열의 '18대 아모스 왕조Ahmose'가 백성들의 지지를 등에 업고 쿠데타에 성공한 것이다. 그래서 성경은 "요셉을 알지 못하는 새 왕이 일어나 애굽을 다스리더니"(출 1:8)라고 말한다.

다수였던 함 계열 백성들의 탄탄한 지지 덕분에 아모스 왕조의 권력 구조는 다소 안정적이었다. 하지만 문제는 다수의 토착민보다 많아진 유대인의 인구수였다(출 1:9). 그것은 마치 '생명 만들기 프로젝트'를 풀가동하고 있는 거대한 출산 공장(?)과도 같았다. 물량 앞에 장사 없다고 하지 않는가! 인구수를 앞세워 국가를 전복한 아모스 왕조였던 만큼, 급격히 불어나는 유대인의 인구수가 걱정되지 않을 수 없었다. 가까스로 셈 혈통에서 어렵사리 권력을 빼왔는데, 급격히 늘어나는 유대인들 때문에 도로 셈 혈통에 권력을 헌납하게 될 상황처럼 보였다. 이때부터 아모스 왕조는 유대인들이 타민족과 손을 잡을 거라는 두려움에 사로잡혔고(출 1:10), 이스라엘 백성들에게 무거운 노역을 감당케 했다(출 1:11).

애굽 왕의 생각은 나름대로 일리가 있었다. 온종일 숨 돌릴 틈 없이 학대받으면, 남녀가 지치고 피곤하여 밤에 곯아떨어져 자식을 생산하지 않을 줄 알았다. 또 학대받는 노예일수록 사랑하는 자녀들에게 비참한 노예의 삶을 물려주고 싶지 않은 것이 '인지상정(人之常情)'일 테니, 남녀 모두 자식을 덜 낳으려고 노력할 것으로 생각했다. 한 국가를 통치하는 왕답게 합리적인 생각을 했으나, 결과는 정반대였다. 완만한 증가가 아니라 가히 폭발적인 인구 증가였다.

[13] 이스라엘 자손에게 일을 엄하게 시켜 [14] 어려운 노동으로 그들의 생활을 괴롭게 하니 곧 흙 이기기와 벽돌 굽기와 농사의 여러 가지 일이라 그 시키는 일이 모두 엄하였더라 [15] 애굽 왕이 히브리 산파 십브라라 하는 사람과 부아라 하는 사람에게 말하여 [16] 이르되 너희는 히브리 여인을 위하여 해산을 도울 때에 그 자리를 살펴서 아들이거든 그를 죽이고 딸이거든 살려두라(출 1:13-16)

애굽 왕은 다시 머리를 싸매며, 고민에 빠졌다. 절대로 밤에 딴생각을 못 하도록 완전히 진을 빼버려야겠다고 생각했다. 이번에는 건축만 하는 것이 아니라, 농사까지 시켰다. 농부가 농사만 해도 체력이 남아나질 않는데, 건축과 농사를 겸업하게 했다. 그렇게 하면 인구수가 절벽으로 추락할 줄 알았다. 게다가 유대인 산파들에게 아들이 태어나면 즉시 죽이라고 엄명까지 내리는 치밀함도 보였다.

[17] 그러나 산파들이 하나님을 두려워하여 애굽 왕의 명령을 어기고 남자 아기들을 살린지라 [18] 애굽 왕이 산파를 불러 그들에게 이르되 너희가 어찌하여 이같이 남자 아기들을 살렸느냐 [19] 산파가 바로에게 대답하되 히브리 여인은 애굽 여인과 같지 아니하고 건장하여 산파가 그들에게 이르기 전에 해산하였더이다 하매 [20] 하나님이 그 산파들에게 은혜를 베푸시니 그 백성은 번성하고 매우 강해지니라 (출 1:17-20)

그런데도 유대 백성들은 심히 번성하고 강대해졌다. 참 이상한 일이다. 애굽 왕이 이스라엘 백성들을 지독하게 학대했지만, 이스라엘 백성은 이를 악물고 견디며 또 견뎠다. 이런 고통의 세월 속에서 모세가 태어났다(출 2:1-10). 그렇게 많은 세월이 흘러 하나님은 모세를 찾아오셨다. 애굽에서 왕자로 40년, 광야에서 목자로

40년이 지난 시점에서 모세를 부르신 것이니, 이스라엘 백성들은 하루를 견디기도 힘든 극한 고통의 나날들을 거의 80년이나 버틴 것이다. 지독한 건지 미련한 건지 모르겠지만, 부르짖지 않고 버텼던 것 같다. 애굽 왕이 산파에게 사내아이들은 모두 죽이라고 명령했었던 그 최대의 위기에서도 이스라엘 백성들은 부르짖는 기도로 상황을 정면 돌파한 것이 아니라, 산파들의 지략으로 굴러오는 돌을 살짝 피하여 목숨만 겨우 건지는 방식을 택했다. 강한 기도로 근본 원인을 해결하지 않고, 그때그때 임기응변으로 발등에 떨어진 불만 끄는 식으로 노예의 목숨을 추잡하게 연명했다. 그렇게 80년이 지난 어느 날, 하나님은 모세를 부르셨다.

[1] 모세가 그의 장인 미디안 제사장 이드로의 양 떼를 치더니 그 떼를 광야 서쪽으로 인도하여 하나님의 산 호렙에 이르매 [2] 여호와의 사자가 떨기나무 가운데로부터 나오는 불꽃 안에서 그에게 나타나시니라 그가 보니 떨기나무에 불이 붙었으나 그 떨기나무가 사라지지 아니하는지라 [3] 이에 모세가 이르되 내가 돌이켜 가서 이 큰 광경을 보리라 떨기나무가 어찌하여 타지 아니하는고 하니 그 때에 [4] 여호와께서 그가 보려고 돌이켜 오는 것을 보신지라 하나님이 떨기나무 가운데서 그를 불러 이르시되 모세야 모세야 하시매 그가 이르되 내가 여기 있나이다(출 3:1-4)

출애굽기 3장은 하나님께서 모세를 부르시는 장면으로 시작한다. 그리고 출애굽기 3장 바로 앞부분, 그러니까 2장 마지막 부분에 하나님께서 모세를 부르신 이유가 나온다.

> [23] 여러 해 후에 애굽 왕은 죽었고 이스라엘 자손은 고된 노동으로 말미암아 탄식하며 부르짖으니 그 고된 노동으로 말미암아 부르짖는 소리가 하나님께 상달된지라 [24] 하나님이 그들의 고통 소리를 들으시고 하나님이 아브라함과 이삭과 야곱에게 세운 그의 언약을 기억하사 [25] 하나님이 이스라엘 자손을 돌보셨고 하나님이 그들을 기억하셨더라(출 2:23-25)

백성들의 고역 때문에 하나님이 모세를 부르신 것이 아니었다. 만약 그 때문이었다면 '목자 초창기 시절'에 모세를 부르셨어야 했다. 아니 애굽에서 모세가 왕자였던 '왕궁 시절'에 모세를 부르셨어야 했다. 모세를 부르신 것은 백성들의 고난 때문이 아니라, 백성들의 부르짖는 기도 때문이었다. 그것은 중언부언하는 힘없는 기도가 아니라, 하늘을 뚫고 올라가 하나님 보좌에 상달 되는 강력한 부르짖음이었다. 애간장이 다 녹아내리는 간절한 울부짖음, 하나님은 그런 기도에 귀를 기울이셨다. 그리고 백성들의 기도에 응답하시기 위해 그 상황을 타개할 만한 해결책을 찾기 시작하셨다. 그 '해결책'이 바로 모세였다.

하나님께서 모세를 부르신 이유

이스라엘 백성들은 학대와 고역으로 눈물의 세월을 보냈다. 그러나 그들은 부르짖지 않았다. 하루하루 버티는 것이 기적이라 할 만한 고통의 시간, 장장 80년 이상을 그렇게 버티면서도 부르짖지 않았다. 이스라엘은 기도가 아닌 '끝까지 버티기'를 택한 미련한 백성이었다. 그런데 더는 버티기 힘들었는지, 그들도 어느 시점부터 부르짖고 울부짖기 시작했다. 하나님은 백성의 간절한 호소에 반응하셨고, 해결책을 찾으셨다. 그리고 그 해결책을 백성에게 보내셨다. 하나님께서 백성에게 주신 최고의 해결책은 하늘의 묘안, 엄청난 재정, 쌓을 곳 없는 넘치는 곡식, 최첨단 무기, 애굽의 초강력 군대를 압도할 엄청난 군대, 하늘의 셀 수 없이 많은 천사가 아니었다. 그저 '한 사람'을 보내는 것으로 충분했다.

'이스라엘 백성'에게 하나님 다음으로 절실히 필요한 것은 '모세'였다.
'교회의 성도'에게 하나님 다음으로 절실히 필요한 것은 '목사'이다.

우리가 사는 이 시대는 매우 희한한 시대이다. 사람들이 배우고 부유해지니, 교만이 목구멍까지 차올랐다. 5,000년 동안 '복

(福)'이라는 것을 경험하지 못한 대한민국이 최근에 '부(富)'라는 것을 경험하기 시작했다. 그런데 '부(富)'를 경험하기 직전에 전례 없는 현상이 생겼다. 예수를 믿는 종교가 들어온 것이다. 성도들은 목사를 '하나님의 종'으로 알고, 극진히 존중하며 잘 대접했다. 한데 요사이 성도들은 목사 알기를 아주 우습게 안다. 세상에서 직업을 갖듯, 목사를 직업이나 월급쟁이로 여기는 이상한 풍조가 생겼다. 이것은 '풍조'가 아니라 '망조'다.

요즘 목회자들이 선배 목사들보다 기도나 영권, 경건성이 많이 떨어져서 이런 풍조에 일조한 것이 없지 않다. 그런데도 현대 성도들의 목사를 향한 마음과 태도는 조금 지나친 부분이 없지 않다. 물론 모든 성도가 그런 건 아니다. 분명히 목사를 '하나님의 종', '영적 아버지', '영적 스승님', '목자'로 여기며, 겸손과 사랑, 존경으로 대하는 성도들도 여전히 많다.

그런데 성경은 어떻게 말하고 있는가? 성경적으로 목사는 성도에게 어떤 존재인가? 사람들이 목사를 자기 인생에 꼭 필요한 존재라고 여기든 그렇지 않든 구약의 하나님, 신약의 예수님은 목사를 매우 중요하게 여기셨다. 구약의 하나님은 이스라엘 백성이 극한 어려움에 부딪히거나 나아갈 방향을 잃고 방황하고 있을 때마다 목자 역할을 할 '한 사람'을 보내셨다. 그리고 그 평범했던 '한 사람'은 무시무시한 '하나님의 사람'으로 변신해 국가의 모든 문제를 단번에 해결하고 새로운 청사진과 방향을 제

시했다. 선지자, 사사, 왕, 정치인이었던 그들이 삶의 형편과 지위는 각각 달랐지만 역할은 모두 같았다. 그들 모두 백성에게 '목자' 역할을 했다.

당시 히브리 민족은 '부족 규모'에서 '국가 규모'로 성장한 시점이었다. 아브라함, 이삭, 야곱은 '부족'을 이끌던 '족장'이었지만, 모세는 '국가'를 이끄는 '국가 통치자'가 되었다. 국가 규모로 성장한 이스라엘 민족의 첫 지도자가 된 모세는 국가를 이끄는 리더의 역할을 어떻게 이해했을까? 최고 지도자가 되어 이스라엘을 이끈 모세는 40년간 마치 '초대 대통령'과 같은 삶을 경험했다. 그리곤 국가와 백성들을 이끄는 지도자를 이 한 단어로 정의했다. 그것은 '목자'였다.

> [15] 모세가 여호와께 여짜와 이르되 [16] 여호와, 모든 육체의 생명의 하나님이시여 원하건대 한 사람을 이 회중 위에 세워서 [17] 그로 그들 앞에 출입하며 그들을 인도하여 출입하게 하사 여호와의 회중이 '목자' 없는 양과 같이 되지 않게 하옵소서 [18] 여호와께서 모세에게 이르시되 눈의 아들 여호수아는 그 안에 영이 머무는 자니 너는 데려다가 그에게 안수하고 (민 27:15-18)

모세는 하나님이 '참 목자'라는 사실을 누구보다 잘 알았다. 그럼에도 모세는 자기 후임을 세울 때, '지도자'가 아닌 '목자'를 달라고 기도했다. 이 점이 중요하다. 하나님도 '지도자는 목자다'라는 모세의 관점을 지지하셨다. 성경 어디를 봐도 '네 기도는 틀렸다!', '아니다! 내가 목자다!', '어떻게 사람이 목자가 될 수 있단 말이냐?'와 같은 말씀은 안 나온다. 모세의 청에 하나님은 여호수아를 두 번째 목자로 세워주셨다.

목자는 2가지로 분류된다. 전지전능하고, 무소부재하시며, 온 우주 만물을 통치하시고 다스리시며 하늘에 계시는 '하늘 목자'. 그리고 전지전능, 무소부재하지 않으며, 하나님이 보내신 한정된 장소에서 하나님께서 맡기신 사람들을 섬기고 지도하는 '땅의 목자'이다. 모든 성도에게는 이 두 종류의 목자가 다 필요하다. 심지어 목자 역할을 감당했던 지도자 중에도 자기 위에 목자가 있었던 경우가 많았다. 여호수아에게는 모세, 엘리사에게는 엘리야, 디모데와 디도와 실라에게는 바울, 마가에게는 베드로가 있었다.

신약의 예수님은 로마 통치하에 고생하던 이스라엘 백성에게 '하나님의 나라'를 선포하셨다. 백성들은 로마 지배로부터 해방되는 '육적인 통치'를 원했지만, 예수님은 죄와 사망에서 해방되는 '영적인 통치'를 역설하셨다. 그러나 당시 종교 지도자 중에는 백성들에게 '영적인 통치'와 '영적인 복'을 가르칠 만한 지도자가 없었다. 예수님은 이를 안타까워하셨다. 예수님은 근본적인 문제 해결을 위해서 백성들에게 '종교적인 지도자'가 아니라,

'영적인 지도자'가 필요하다고 생각하셨다. 그래서 예수님은 종교 지도자들을 개혁하려고 뛰어드신 것이 아니라, 3년 반의 공생애 기간에 백성을 인도할 '영적인 지도자', 즉 사도들과 제자들을 집중적으로 육성하셨다. 예수님께서는 영적 지도자, 즉 목자를 어떻게 생각하셨을까?

> [34] 바리새인들은 이르되 그가 귀신의 왕을 의지하여 귀신을 쫓아낸다 하더라 [35] 예수께서 모든 도시와 마을에 두루 다니사 그들의 회당에서 가르치시며 천국 복음을 전파하시며 모든 병과 모든 약한 것을 고치시니라 [36] 무리를 보시고 불쌍히 여기시니 이는 그들이 '목자 없는 양'과 같이 고생하며 기진함이라 (마 9:34-36)

당시에도 백성에게 하나님의 말씀을 가르치는 바리새인이나 사두개인과 같은 지도자 그룹이 있었다. 그러나 그들은 '땅의 목자' 역할을 감당하지 못했다. 그래서 예수님은 직접 '하나님께서 우리와 함께 계시다'는 '임마누엘'의 하나님으로 이스라엘에 오셨다(마1:23). 하지만 하나님은 여전히 백성들을 '목자 없는 양'과 같이 보셨다.

성경에는 '목자 없는 양'이라는 구절이 총 5번 등장한다. 첫 번째 구절은 민수기에 나오는 모세의 말이다. 모세가 목자 역할을 했는데, 모세가 사라지면 백성들은 '목자 없는 양' 같은 존재가 될 것이 분명했다. 군대, 무기, 돈, 식량이 있어도, 목자가 없다면 양에게는 치명적이다. 이런 최악의 상황을 피하려고 모세는 다음 지도자를 세워달라고 기도했다.

그로 그들 앞에 출입하며 그들을 인도하여 출입하게 하사 여호와의 '회중'이 '목자 없는 양'과 같이 되지 않게 하옵소서(민 27:17)

그가 이르되 내가 보니 '온 이스라엘'이 '목자 없는 양' 같이 산에 흩어졌는데 여호와의 말씀이 이 무리에게 주인이 없으니 각각 평안히 자기의 집으로 돌아갈 것이니라 하셨나이다(왕상 22:17)

그가 이르되 내가 보니 '온 이스라엘'이 '목자 없는 양' 같이 산에 흩어졌는데 여호와의 말씀이 이 무리가 주인이 없으니 각각 평안히 자기들의 집으로 돌아갈 것이니라 하셨나이다 하는지라 (대하 18:16)

무리를 보시고 불쌍히 여기시니 이는 '그들'이 '목자 없는 양'과 같이 고생하며 기진함이라(마 9:36)

예수께서 나오사 '큰 무리'를 보시고 그 '목자 없는 양' 같음으로 인하여 불쌍히 여기사 이에 여러 가지로 가르치시더라(막 6:34)

두 번째, 세 번째 구절은 미가야 선지자가 이스라엘 최악의 왕 아합에게 예언한 구절이다. 아합은 '땅의 목자' 역할을 감당해야 했지만, 그 역할을 잘 감당하지 못했다. 즉 이 시기에 하늘 목자는 있었지만, 땅의 목자는 없었다.

네 번째, 다섯 번째 구절은 신약시대에 예수님께서 이스라엘 백성을 보신 관점이다. 예수님께서 군중과 함께 있었고, 그들을 가르치며 인도하셨으니 참 목자이신 '하늘 목자'는 있는 상황이었다. 하지만 '땅의 목자'가 없었다.

그러므로 '목자 없는 양 같이'라는 구절은 '하나님께서 하늘 목자가 되시지 않은 상황'을 말하는 것이 아니다. 하늘 목자는 있지만, 이 땅에서 백성들을 인도할 '땅의 목자가 없는 상태'를 말한다.

하나님의 자녀들에게 '땅의 목자'는 절대적으로 필요하다. '있으면 좋다!', '있으면 도움이 된다!', '없는 것보다야 낫지!' 하는 정도가 아니다. '필사적으로 필요하다!'는 표현이 옳다. 광야에서 목자 없는 양은 며칠도 못 가서 굶어 죽거나 짐승에게 먹혀 죽게 된다. 이처럼 세상에서도 '땅의 목자'가 없는 성도는 영적생활에서 성공할 가능성이 '제로'에 가깝다. 오죽하면 모세가 백성들과 헤어지는 마지막 순간에 백성들을 위해 군대, 무기, 돈, 식량이 아닌 목자를 구했을까? 백성들이 약속의 땅으로 들어가는 극적인 순간이었지만, 목자 없는 이스라엘은 약속의 땅에 들어가서도 약속을 받지 못하고 방향을 잃어 죽을 가능성이 높다는 것을 모세는 잘 알고 있었다. 그래서 다른 것이 아니라 목자를 구한 것이다.

목숨이 경각에 달린 상황에서 이스라엘 백성은 간절히 부르짖었고, 이때 하나님은 그들에게 하나님 다음으로 필요한 것을 보내주셨다. 그들에게 '땅의 목자'보다 더 절실하게 필요하고 '땅의 목자'보다 더 긴요하게 도움이 되는 '무엇'이 있었다면, 하나님은 모세가 아닌 다른 그 '무엇'을 백성에게 보내주셨을 것이다. 역사를 보면 많은 경우 '땅의 관점'과 '하늘의 관점'은 달랐고, 그때마다 땅의 관점은 틀렸다. 하나님의 관점은 '백성에게는 목자가 절대적으로 필요하다!'는 것이었다. '땅의 백성'을 위한 하나님의 최고의 해결책은 항상 '땅의 목자'였다.

인생에서 가장 중요한 2가지 결정

> 이제 내가 너를 바로에게 보내어 너에게 내 백성 이스라엘 자손을 애굽에서 인도하여 내게 하리라(출 3:10)

하나님은 모세에게 2가지를 지시하셨다. 첫째, '바로에게 보낸다'는 말은 '애굽으로 가라'는 명령이다. 둘째, '이스라엘 자손을 애굽에서 인도하라'는 명령이다. 애굽은 '사역지'고, 애굽에서 인도하라는 것은 '사역 내용'이다. 사역지는 '어디'에 해당하고, 사역 내용은 '무엇'에 해당한다. '어디'와 '무엇'은 우리가 인생을 살면서 부르심을 성취하는데 가장 중요한 2가지 요소다. 따라서 부르심을 성취하려고 땀 흘리는 사람이라면, 누구나 이 2가지 요소로 본인의 정체성을 설명할 수 있다. 나로 예를 든다면, 이렇다.

"나는 필리핀(어디)에서 현지인을 선교(무엇)하는 사람이다."로 설명할 수 있다.

우리 인생에서 가장 중요한 이 2가지를 하나님은 모세와 아무런 상의도 없이 결정하셨다. 이 얼마나 황당한 일인가? 모세가 자신의 인생을 살기 위해서는 모세의 의견, 취향, 꿈이 가장 중요하다. 하지만 하나님은 모세의 의견이나 꿈은 조금도 고려하지 않고, 모세의 '어디'와 '무엇'을 결정하셨다. 그런데 사실 하나님은 많은 경우 이렇게 하신다. 예전에도 그렇게 하셨고, 지금도 그렇게 하시며, 앞으로도 그렇게 하실 것이다. 하나님께서 우리의 인생을 때론 이렇게 일방적으로 결정하시는 것, 그것이 하나님의 주권이다. 이것을 믿고 따르는 사람들이 참 크리스천이다. 그래서 참 크리스천이 되는 것은 절대 쉬운 일이 아니다.

한 고등학생 3학년 학생이 중학교부터 6년간 열심히 공부해서 대학 입시 시험을 봤다. 아버지가 묻는다.

"아들아! 시험 잘 봤니?"

"예! 아버지, 잘 봤습니다!"

"그래? 6년 동안 참 수고했구나!"

"아니에요. 모든 학생이 다 그렇게 공부한 걸요."

"그래! 이 아버지가 너를 위해 결정한 것이 있다."

"그래요? 아버지, 감사합니다! 그런데 그것이 뭔데요?"

"네가 공부할 '학교(어디)'와 '학과(무엇)'를 결정했다!"

실제로 이런 상황이 발생한다면, 아들의 기분은 어떨까? 만약 이 글을 읽는 당신에게 이런 일이 일어났다면, 아래 3가지 대답 중에 첫 번째 대답을 할 것이 분명하다.

①"아니? 그걸 왜 아버지가 결정해요? 그건 내 인생이고 나도 꿈이 있는데요! 그리고 그걸 왜 저한테 한 마디 상의도 없이 혼자 결정하세요?"

②"예! 아버지께서 그렇게 결정하셨다면, 무슨 뜻이 있으시겠죠! 아버지는 항상 저보다 깊고 멀리 생각하시잖아요. 제가 어렸을 때는 아버지의 뜻을 이해하지 못했지만, 지나고 나면 항상 아버지가 옳으셨다고 알게 되었죠. 아버지는 세상을 저보다 잘 아시고, 또 저보다 저를 더 잘 알고 계시잖아요. 비록 지금은 약

간의 의문점이 있지만, 기쁜 마음으로 순종하겠습니다!"

③ "아니? 아버지, 저를 위해 그것까지 생각해 주셨어요? 세상에…. 아버지께서 저를 이렇게 생각해 주시고 사랑해 주시다니 정말 감사합니다! 아버지는 정말 최고의 아버지예요!"

그런데 아버지가 대한민국의 어느 대학교, 어느 학과가 아닌, 동남아 혹은 아프리카에 있는 어느 대학교에 최악의 비인기 학과를 결정하셨다면? 그리고 이미 입학 절차까지 다 마쳤다면, 순종할 고등학교 3학년이 대한민국에 과연 존재할까? 예를 들어 필리핀 조그만 지방 섬의 어느 대학교에 있는 물고기 학과에 입학 절차를 마쳤다고 한다면? 그리고 내일 날짜의 비행기 표를 건네주며, 내일 당장 가라고 한다면? 아마 그날로 아버지와 대화를 끊어 버리는 학생도 있을 테고, 당장 가출하는 학생도 있을 것이다. 개중에는 아버지와 부자의 연을 끊으려고 하는 학생도 더러 있을 것이다.

모세의 인생에 존재할 수 있는 수많은 '어디'에서, '애굽'은 모세의 머릿속에서 영원히 끝난 곳이다. 애굽에서 허겁지겁 도망친 모세에게 가장 가기 싫은 '어디'가 어디냐고 묻는다면, 분명 애굽이라고 답했을 것이다. 모세에게 죽어도 하기 싫은 '무엇'이 무엇이냐고 묻는다면, 분명 '바로 앞에 서는 것'이라고 답했을 것이다. 모세가 생각하는 모세의 인생에서 존재할 수많은 '무엇' 중에 '바로 앞에 서는 것'은 이미 끝났다. '바로'가 무서워서 모든 것을 내팽개치고 광야로 도망쳤는데, 다시 '바로'에게 돌아가라니? 그것도 '바로' 앞에서 선물을 드리거나 위문 공연을 하는 것이 아닌, '바로'와 담판을 짓는 것이라니!

인생에서 '어디'와 '무엇' 모두를 갖기는 쉽지 않다. 사람들은 둘 다 가질 수 없는 상황이 닥치면, '어디'와 '무엇' 중에 더 원하는 것을 선택한다. 예를 들어 무조건 서울대(어디)를 가고 싶어서, 서울대의 가장 낮은 학과(무엇)를 선택할 수 있다. 반대로 무조건 한의학(무엇)을 배우고 싶어서, 점수에 맞는 아무 학교(어디)나 선택할 수 있다. 이처럼 '어디'나 '무엇' 중에 하나만 맞아도 참아볼 만한데, 모세의 경우는 둘 다 원하는 곳이 아니었다. 그것도 '최악의 어디'와 '최악의 무엇'이었다.

하나님께서 우리의 의견은 묻지 않으시고, 우리 인생의 방향을 갑자기 확 틀어버리실 때가 종종 있다. 오랫동안 계획했던 것이 눈앞에서 뒤집어지는 상황은 매우 당황스러운 일이다. 우리 인생에 개입하시고 인도하시는 하나님이 우리의 개인적인 의견, 취향, 계획, 꿈 등을 전혀 중요하게 생각하지 않으시는 것 같은 느낌이 들기 때문이다. 하지만 중요한 것은 내 생각과 의견이 아니다. 하나님의 생각과 의견이 가장 중요하다. 이것을 잘 받아드릴수록 성숙한 성도이다.

하나님 수준의 부르심

2008년 3월 23일, 내가 필리핀에 온 지 정확히 5년째 되던 날이다. 30세였던 나는 필리핀 파출부 아줌마 1명을 데리고 사택에서 교회를 개척했다. 그리고 2011년, 개척 3년 만에 필리핀 목회에 정체기가 왔다. 2011년 말, 필리핀 목회를 포기하고, 리더십을 다른 사람에게 넘겨야 할지 고민하고 있었다. 그러나 2012년 1월, 하나님이 인도하심으로 제자 팀을 만들어 강력한 제자 훈련을 시도하면서 목회를 딱 1년만 더 해보겠다고 선언했다. 그 가운데 놀라운 하나님의 은혜가 임했고, 2012년 우리는 10개 교회를 개척했다. 별안간 내가 담임하는 교회가 '본교회'가 되었고, 나머지 교회들은 '지교회'가 되었다. 2013년에는 제자들이 각자 개척한 교회에서 제자 팀을 꾸려서 제자 훈련을 시도했다. 2013년, 100개의 지교회로 한 해를 마감했다.

2018년, 하나님은 우리에게 300개 이상의 지교회를 주셨다. 2018년에 들어서자 하나님은 10대, 20대의 청소년들을 통해서 더욱 뜨겁게 일하셨는데, 2018년 6월까지 개척된 교회가 71개다. 매주 1~3개씩 교회가 개척되고 있으니, 1주에 100~200명의 빈민가 어린이들이 예수님을 영접하고 있는 셈이다.

믿기지 않겠지만 사실이다. 그리고 이런 급진적인 전도와 개척은 우리 교회의 문화가 되었다. 매주 교회가 개척되는 것에 놀라는 성도는 없다. 오히려 1개 교회도 개척되지 않으면, "무슨 일이지?" 하고 의아해하곤 한다. 우리는 개척 속도가 너무 빨라서 건축할 시간이 없다. 아니 사실 재정도 없다. 또 교회는 건물이 아니라, 사람이 중요하다는 믿음으로 하나님의 시간에 하나님의 재정이 오면 건축할 생각이다.

하나님은 사람을 부르시고, 뭔가를 주신다. 우리는 그것을 '부르심'(소명, 미션)이라 부른다. 부르심은 우리가 살면서 해야 할 일 중에 가장 중요하고 고귀한 것으로, 우리 인생 전반에 걸쳐 반드시 완수해야 할 일이다. 부르심은 리더가 제자에게, 사람이 사람에게 주는 그런 차원의 것이 아니다. 하늘에 계시는 하나님께서 땅에 있는 사람에게 '하사'하시는 것이다. 그래서 우리가 하나님께 받은 부르심은 사람이 아니라 하나님의 차원이나 수준에 해당한다. 그러니 그것은 너무 크고 위대하고 웅장하고 아름답다.

하나님께서 창조하신 모든 사람은 그마다 각자 고유의 부르심이 있다. 각자의 부르심은 크기, 모양, 색깔이 제각각 다르지만, 모든 부르심은 크고 위대하다. 아무리 뛰어난 천재일지라도 자기 부르심을 5년, 10년 이내에 성취하는 건 불가능하다. 세계 최고의 '부(富)'를 5~10년 안에 이뤄낸 천재는 존재할지라도, 부르심을 5~10년 안에 완수하는 사람은 없다. 그만큼 우리의 부르심은 크고 위대하여 우리 인생 일부가 아닌 인생 전체를 쏟아부어야만 성취할 수 있다. '부르심 완성' 혹은 '미션 완수'는 매우 어려워서 하나님과 친밀한 동행과 엄청난 순종이 필요하다.

위대한 순종 없이는 부르심을 완성할 수 없다. 부르심은 너무 크고 위대하여, 위대한 순종을 하지 않는 사람은 부르심을 결코 완수할 수 없다. 부르심은 땅의 차원이 아닌 하늘 차원의 일이라, 땅에서 누구나 하는 정도의 고만고만한 순종으로는 절대 부르심을 완성할 수 없다. 우리 각자에게 부여된 하늘 차원의 부르심은 땅의 재능, 땅의 재정, 땅의 지혜, 땅의 인맥 따위로는 감히 성취될 수 없는 크고 웅장한 것이다. 위대한 순종으로 하늘이 열려야 한다. 열린 하늘에서 하늘의 재능, 하늘의 재정, 하늘의 지혜가 우리에게 부어져야만 하늘의 부르심을 성취할 수 있다. 하늘 차원의 부르심을 성취하여 땅을 진동하려면, 반드시 하늘 차원의 순종을 해야 한다.

위대한 순종 없는 밋밋한 신앙생활로도 성취할 수 있는 밋밋한 부르심은 세상에 없다. 하나님은 가장 사랑했던 독생자를 죽이면서까지 우리를 사랑하셨기에, 누구에게도 작은 부르심을 주지 않으셨다. 위대한 순종이 요구되는 상황에 정기적으로 노출되지 않는 사람은 위대한 순종을 하지 않고 있을 가능성이 단연 높다. 그렇다면 그들은 자신의 부르심이 아닌, 자기가 만든 목표를 향해 달려가는 중이다. 비록 세상에서 엄청난 돈과 명예, 지위를 얻었다 할지라도, 그는 부르심의 영역에서 완전히 실패한 사람이다.

'아들아, 너는 너무 초라하구나! 내가 어찌 너를 쓰겠느냐?'
'아들아, 왜 공부를 안 했니? 너를 크게 쓰기는 힘들겠구나!'
'딸아, 너에게 큰 것은 맡기지 않겠다! 작은 것만 맡기겠다!'
'딸아, 너는 부족함이 많다. 너를 쓸지 말지 고민해 보마!'

사람은 사람을 향해 이렇게 생각할 수 있지만, 하나님은 사람을 향해 이렇게 생각하지 않으신다. 하나님은 아무에게도 약속을 작게 주지 않으신다. 그 누구에게도 작은 계획을 가지고 있지 않으시다. 사람은 사람에게 인간 차원으로 약속, 임무를 주지만, 하나님은 하나님 차원의 약속, 임무를 주신다. 그러므로 하나님께 작은 약속, 꿈, 비전을 받은 사람은 없다. 아무도 없다.

잘못된 질문 : '내가 누구 관대?'

[10] 이제 내가 너를 바로에게 보내어 너에게 내 백성 이스라엘 자손을 애굽에서 인도하여 내게 하리라 [11] 모세가 하나님께 아뢰되 '내가 누구이기에' '바로에게 가며' '이스라엘 자손을 애굽에서 인도'하여 내리이까(출3:10,11)

하나님은 모세 자신도 몰랐던 모세의 부르심을 모세에게 일방적으로 선포하셨다. 그것은 죽어도 가기 싫은 '어디'(애굽)였고, 죽어도 할 수 없는 '무엇'(출애굽)이었다. 그때 모세는 희한한 질문을 했다.

"내가 누구 관대…. '어디'에서 '무엇'을 할 수 있겠습니까?"

"내가 누구 관대?"를 현대식으로 표현하면, "나 같은 사람이 어떻게?"이다. 이것을 우리에게 적용하면 아래와 같다.

"나는 능력이 부족한데요?"

"나는 지혜가 부족한데요?"

"나는 지식이 부족한데요?"

"나는 재정이 부족한데요?"

"나는 말을 잘 못 하는데요?"

"나는 실패했던 사람인데요?"

"나는 늙었는데요?"

모세의 첫 질문은 '내가 누구 관대?'였다. 사람은 도저히 해결할 수 없는 상황이나 문제 앞에서 자기의 능력, 지혜, 지식, 경험, 재정, 배경을 고려하면서 고민한다. 내가 내 일을 하려면 나의 능력, 지혜, 지식, 경험, 재정, 배경을 고려하는 것이 맞다. 그러나 나보다 높은 누군가가 나에게 어떤 일을 시켰을 때는 나의 어떠함이 아닌, 나에게 명령한 그분의 어떠함을 고려해야 한다.

나는 필리핀중앙교회Philippine Central Church:PCC의 담임 목사다. 오전에 교회에 와서 보통 자정이 넘어서야 퇴근한다. 온종일 목양실에서 지내는데, 가끔 교회 사무실 직원을 불러서 뭔가를 지시하기도 한다. 허드렛일도 많지만, 그 직원의 수준으로는 도저히 불가능한 일을 시킬 때도 있다. 예를 들면 이렇다.

"아무개야~"

"예, 목사님!"

"지금 모두, 교회 대청소를 하라고 해라!"

"예! 알겠습니다!"

그러면 그 사무실 직원, A군은 내 목양실 방문을 닫고 나간다. 그리고 직원 사무실, 본당, 기도실, 화장실, 부엌까지 구석구석 들러서 큰 소리로 선포한다.

"담임 목사님께서 지금 모두, 교회 대청소를 하라고 하셨습니다!"

교회 사무실에는 A군보다 나이가 많고, 직급이 높은 전도사도 있다. 사무실 직원들은 중요한 일로 분주하다. 본당에는 20~60개 지교회를 감독하는 전도사들이 사역자들을 모아서 중요한 회의를 하고 있다. 기도실에는 간절히 부르짖으며 기도하는 성도들이 있다. 부엌에는 뜨거운 불 앞에서 땀을 뻘뻘 흘리며 요리하는 성도, 열심히 설거지하는 성도도 있다. 화장실에는 샤워하거나, 볼일을 보는 성도도 있다. 그러나 남녀노소, 지위고하, 신앙의 연수를 막론하고, 누구도 10대 후반의 이 사무실 직원에게 항의하거나 불만을 가지지 않는다.

"너 몇 살인데, 감히 나한테 명령이야?"

"너 지금 우리가 뭐 하고 있는 거 안 보여?"

"너 교회 몇 년 다녔어?"

"네 일이나 열심히 해! 너 너무 교만한 거 아냐?"

이렇게 말하는 성도는 단 한 명도 없다. 평소 A군은 나이가 어리고, 직분이 낮고, 신앙 연수가 부족해 사람들 앞에서 뭔가를 말하거나 설득하는 것을 부끄러워하지만, 이때만큼은 누구보다 담대하다. 담임 목사, 혹은 수석 부목사처럼 담대하다.

"내 밑으로 전부 집합!"

군대 상사의 명령처럼, A군의 한 마디에 전 교인이 즉각 하던 일을 멈추고 대청소에 돌입한다. A는 어떻게 이런 막강한 권세를 가졌을까? 무엇이 A를 이토록 강하게 만들었을까? 그것은 A가 내 이름, '윤필립' 이름을 가졌기 때문이다. 다른 교회에서는 어린 반 푼도 없는 '윤필립'이라는 이름이지만, 적어도 우리 교회에서는 예수님 다음으로 권세, 존귀, 능력 있는 이름이다.

A는 우리 교회에서 속된 말로 '갑'이 된다. 적어도 대청소가 진행되는 시간까지는 그렇다. A에게 부여되었던 '윤필립'이라는 이름에서 온 절대적인 권세는 대청소가 끝나는 동시에 사라진다. 그리고 A는 '갑(甲)'에서 '을(乙)'도 아닌, 심지어 '병(丙)'도 아닌, 정말 아무런 존재감 없는 '정(丁)'으로 뚝 떨어져서 그저 사무실에서 허드렛일이나 하는 말단 직원으로 전락한다. 그가 갑,

을, 병, 정 모두를 압도하는 '슈퍼 갑(甲)'이 되는 유일한 순간은 오직, '윤필립'의 이름을 덧입을 때다.

하나님은 나에게 내 능력으로 능히 감당할 수 있는 일도 시키시지만, 우리 능력으로 도저히 감당할 수 없는 일도 종종 시키신다. 그러나 우리는 감당할 수 있는 일도, 또 감당할 수 없는 일도 능히 할 수 있다. 왜냐하면 '하나님께서 나에게 무엇을 명령하셨다!'는 말 안에 내가 나의 이름과 권세보다 강력한 하나님의 이름과 권세를 가지고, 그 일을 하도록 허락하셨다는 뜻이 포함되어 있기 때문이다. 일을 주는 '주인'은 일을 맡은 '종'이 그 일을 넉넉히 할 수 있도록 필요한 모든 능력과 지혜, 지식, 경험과 재정, 배경 등을 넘치도록 채워줄 '의무'가 있다. 이것을 깨달은 종들은 '자기의 초라한 능력'과 '맡겨진 엄청난 일' 사이에서 조금의 주저함이나 걱정이 없다.

> 종(나)이 필요한 능력 - 종(나)이 가진 능력
> = 주인(하나님)께서 채워 주실 능력

그러므로 모세가 질문한 '내가 누구 관대?'는 잘못된 질문이다. 처음부터 초점이 틀렸다. 제아무리 어렵고 힘든 미션일지라도 하나님의 능력에 비하면 아주 작고 초라한 것이다. 그 때문에 하나님께서 모세에게 주신 명령 중에 모세가 감당치 못할 명령은 하나도 없었다. 또 모세가 자기 능력으로 할 수 있는 일이었다면, 굳이 하나님께서 모세와 함께하실 필요가 없다. 모세의 능력으로 할 수 없는 일이기에, 하나님께서 모세와 함께하셨다. 하나님께서 모세에게 미션을 주시는 순간부터 모세가 미션을 완수하는 순간까지 하나님의 이름과 권세, 능력이 모세에게 부어진다. 그러므로 맡겨진 일이 크면 클수록, 또 나의 능력이 작으면 작을수록, 하나님께서 부어주시는 능력과 권세, 지혜가 커진다. 내가 사명을 이루는 데 필요한 능력과 권세, 지혜만큼 하나님께서 나와 함께 하신다. 할렐루야!

옳은 질문 : '당신은 누구시관데?'

모세는 '당신은 누구시관데?'라고 질문해야 했다. 일하는 주체인 모세의 능력과 지혜가 아닌, 일을 주시는 주체인 그분의 능력과 지혜에 초점을 맞췄어야 했다.

"당신은 누구시관데, 이 초라한 늙은이에게 그 엄청난 일을 시키십니까?"

"당신은 누구시관데, 이 늙은이로 애굽의 바로와 담판을 벌이라 하십니까?"

"당신은 누구시관데, 이 늙은이로 이스라엘 백성들을 애굽에서 이끌고 나오라 하십니까?"

우리에게 적용하면 아래와 같다.

"당신은 얼마나 능력이 많으십니까?"

"당신은 얼마나 지혜가 크십니까?"

"당신은 얼마나 지식이 많습니까?"

"당신은 얼마나 재정이 풍부합니까?"

"당신은 얼마나 나를 사랑하십니까?"

"당신은 얼마나 전능하십니까?"

"당신의 한계는 어디입니까?"

질문의 내용은 같아도 질문의 대상이 달라져야 한다. 필요한 능력을 나에게서 찾지 말고, 일을 주시는 하나님에게서 찾아야 한다. 같은 시간 동안 같은 주제를 묵상하더라도, '나의 ○○'에서 '당신의 ○○'로 대상이 바뀌면 모든 문제가 아주 쉬워진다. 반대로 '나의 ○○'을 묵상하는 사람은 100년, 1,000년 묵상해도 해결책을 찾을 수 없다.

필리핀중앙교회 사역도 그랬다. 2008년 3월 23일, 사택에서 교회를 개척한 후 1년에 10명씩 성도가 늘어서, 4년 만에 40명이 되었지만 그 이상은 없었다. 그리고 교회는 성장도 감소도 없는 잠자는 교회가 되었다. 그것이 내 능력의 한계였다. 그러나 어느 날부터인가 '내가 무엇을 할 수 있을지?'를 고민하는 '나에 대한 묵상'에서 '주님은 무엇을 하실 수 있을지?'를 고민하는 '주님에 대한 묵상'으로 묵상의 대상을 바꾸기 시작했다. 내 안에 잠재된 재능을 찾으려 고민할 필요도 없었고, 이미 드러난 재능을 계발하려고 진땀 흘릴 필요도 없었다. 심지어 내 안에 아무런 능력이 없어도, 고민하거나 절망할 필요가 없었다.

'예수님은 제자들을 어떻게 가르치셨을까?'
'예수님은 제자들을 어떻게 훈련하셨을까?'
'예수님은 제자들을 어떻게 칭찬하셨을까?'
'예수님은 제자들을 어떻게 혼내셨을까?'

예수님을 묵상할수록 '나의 어떠함'이 '예수님의 어떠하심'으로 승격되는 듯했다. 예수님의 리더십과 권위를 묵상할수록, 형편없었던 나의 리더십과 권위에 큰 변화가 일기 시작했다. 지금은 많은 지교회가 일사불란하게 움직이는 '군대'처럼 되었지만, 당시만 해도 우리 교회는 '어린이집'보다 질서가 없고, 단합도 안되는 수준이었다. 내가 설교하면 성도들의 1/3은 잠을 잤고, 1/3은 영어를 못 알아들어서 딴짓을 하고, 1/3은 영어를 알아들어도 딴생각을 했다. 오직 1명만 앞자리에서 은혜를 받았다. 그런 횡설수설 설교였지만, 예수님의 설교 장면을 묵상하면 할수록 내 안에는 계시적인 설교가 쏟아지기 시작했다. 이 계시적인 설교가 얼마나 강력했던지, 성도들은 매우 빨리 변화되었다. 2012년에 10개의 지교회가 생겼고 급기야 2013년, 100개의 지교회가 세워졌다. 그때부터 우리는 급성장을 경험했다.

그저 내가 할 수 있는 것까지만 하면 됐다. 지금도 나 자신 때문에 절망하고 탄식하지만, 예전처럼 지나칠 정도로 탄식하거나 고민하지 않는다. 그럴 필요가 없기 때문이다. 나는 내가 할 수 있는 것을 하고, 나머지 부분은 나에게 일을 맡기신 하나님을 묵상하며 바라보면 되었다.

내 아버지는 낚시를 좋아하셨다. 그래서 어린 시절부터 초등학교 졸업 때까지, 종종 아버지와 낚시터에 갔다. 아버지는 혼자 좌판을 쓰셨고, 나와 동생은 한 좌판에서 사이좋게 각자의 낚싯대를 드리웠다. 어머니는 매운탕을 준비하시려고 쑥을 캐셨다. 밤낚시를 하면 보통 20마리씩 낚았으니, 내 나이치고 낚시를 꽤 하는 편이었다. 그래서 어렸을 때부터 손맛을 알았다. 가끔 한눈판 사이에 낚싯대가 쑥~ 하고 물에 빠지곤 했다. 그럴 때마다 저수지를 관리하는 아저씨가 통통배를 타고, 저수지 한 가운데에 둥둥 떠 있는 낚싯대를 건져 오셨는데 어김없이 30cm가 넘는 커다란 잉어가 물려 있었다.

어느 날이었다. 고요히 떠 있는 찌가 쑥~ 하고 내려가기에 '옳거니!' 하고 급히 낚싯대를 잡았다. 그런데 도무지 딸려 오지 않았다. 많은 월척을 잡아봤지만, 그런 느낌은 처음이었다. 잘못하면 저수지 물에 내가 처박힐 판이었다. 그놈(?)을 해결할 능력이 내 안에 없다는 것을 깨닫는 순간, 나는 반사적으로 아버지를 쳐다보았다. 아버지께 아버지의 지혜와 능력을 찬양하며 그간 도와주신 것에 감사한 후에, 논리적으로 이 상황을 설명하고 겸손히 도움을 요청한 것이 아니었다. 하지만 나의 다급한 얼굴이 충분히 그것을 대변했다.

흐뭇하게 나를 바라보시던 아버지는 '뭔가 큰놈이구나!' 하는 생각에 내 좌판으로 뛰어오셨다. 나는 달려오는 아버지를 보면서 낚싯대를 온몸으로 끌어안은 상태로 까치발을 들며 필사적으로 버텼다. 얼굴이 시뻘겋게 달아올랐다. '나의 한계다!' 싶었을 그때, 아버지가 낚싯대를 낚아채셨다. 그리고 물 안에 그놈과 '밀당'밀고 당기기을 하며 한참 실랑이를 벌이셨다. 아버지는 노련하게 풀었다 당기기를 반복하시며 그놈의 힘을 뺐다. 이윽고 그놈이 물기슭까지 왔을 때, 아버지의 지시를 받은 삼촌이 커다란 뜰채로 그놈을 담아 올리셨다. 펄펄 뛰던 58cm의 향어였다. 50cm가 넘는 슈퍼 월척을 잡은 첫날이었고, 향어라는 물고기를 처음 알게 된 날이었다. 그 후로 중학교에 입학했으니 어린 시절의 마지막 낚시에서 최고의 낚시 추억을 낚은 셈이다.

나는 내가 할 수 있는 일만 했다. 뜰채를 살 '재정'도, 큰 물고기는 뜰채로 건져 올린다는 '지식'도 없었다. 알았다 하더라도 해낼 '능력'이 없었다. 또 초등학생이었던 내가 여자도 사귀어본 적이 없는데, 큰 물고기와 밀당을 벌이는 오묘한 이치를 어찌 알겠는가? 내게는 밀당할 '지혜'도 없었던 것이다. 낚싯대를 온몸으로 끌어안고 버틴 것은 향어의 힘부터 빼자는 계산된 의도가 아니라, 앞으로 어떻게 해야 할지 모르는 상황에서 내가 할 수 있는 최선이었다.

①[필요한 능력] - ②[내 능력] = ③[아버지가 채워줄 능력]

①[필요한 능력] = 향어 잡기 + 밀당 + 뜰채로 건지기
②[내 능력] = 향어 잡기 (낚싯대 붙잡고, 버티기)
③[아버지가 채워줄 능력] = 밀당 + 뜰채로 건지기

나는 ②[내 능력] 부분에서 온몸에 땀이 날 정도로 최선을 다했다. 그러나 ②[내 능력]으로는 향어를 내 것으로 만들기에 부족했다. ③[아버지가 채워줄 능력]이 필요했다. 이는 아버지를 다급한 표정으로 간절히 쳐다보는 것만으로도 충분했다. 아버지는 순식간에 달려와 나의 부족한 부분을 채워주셨다.

내가 나의 부족함을 깨닫고, 아버지를 온 마음으로 바라보는

그것이 '능력 있는 묵상'이다. 이렇게 온 마음이 실린 묵상은 하늘의 문을 열고, 하늘의 능력을 옷처럼 덧입을 수 있게 해 준다. 그리하여 나는 '낚시터'(어디)에 가서 '낚시'(무엇)를 할 때마다, 평생 단 한 번도 고민해 본 적이 없다.

'낚싯대가 비싼데, 어떻게 구하지?', '그 낚시터까지 어떻게 가지?', '그 낚시터 요금을 어떻게 내지?', '지렁이 끼우는 것은 무섭던데?', '떡밥은 만드는 것이 어렵던데?', '오늘은 어떤 찌를 사용해야 하지?', '던질 때 낚싯바늘이 옷에 걸리면 어떡하지?', '물고기 잡으면 매운탕은 어떻게 끓이지?', '수상한 아저씨가 다가오면 어떡하지?'

내 능력을 묵상했다면 낚시는커녕, 머리가 아파서 낚시터로 출발하지도 못했을 테다. 내 능력을 묵상하면, 낚시는 스트레스와 고통이었을 것이다. 그러나 나에게 낚시터에 가자고 하신 아버지의 능력을 묵상하는 순간, 낚시는 큰 즐거움과 아름다운 추억이 된다.

성도는 성도의 능력을 묵상할수록 무능하고 초라해진다. 그러나 그 일을 맡겨주신 하나님의 능력을 묵상할수록 성도는 모든 것을 해낼 수 있는 위대한 존재로 거듭난다.

하나님을 묵상하는 사람 VS 자신을 묵상하는 사람

사람들은 항상 '상대적 비교'를 한다. 살다가 위기가 닥치면 '위기 상황의 크기'와 '나의 능력의 크기'를 비교한다. 그래서 내 능력의 크기, 즉 나의 재능, 재정, 학위, 지식, 지혜, 경험, 배경, 인맥 등을 총동원했을 때 '나의 역량의 최대 크기'가 눈앞에 닥친 '상황의 크기'보다 크면 안도의 한숨을 내쉰다. 반대의 경우에는 불안, 걱정, 초조, 근심, 불신으로 긴장한다.

불신자는 당연하지만, 대다수의 믿는 사람까지도 '하나님의 능력의 크기'가 아닌 '자기 능력의 크기'를 종종 묵상한다. 그래서 자기 능력이 크면 '교만'의 죄를 짓고, 자기 능력이 작으면 '불신과 걱정'의 죄를 짓는다. 이런 사람들은 '자기 역량의 크기'가 커질수록 안정감을 느낀다. 이는 하늘의 능력에 접속되어서 오는 진정한 안정감이 아닌, 땅의 능력에 접속되어서 오는 거짓 안정감이다. 하지만 하나님과 관계에서 오는 실제적인 안정감을 못 느끼는 사람들일수록, 땅에서 오는 일시적이고 허상에 불과한 거짓 안정감이라도 붙잡으려고 허우적거린다.

그 때문에 사람마다 '자기 역량의 크기'를 최대치로 키우는 데 혈안이다. 그런데 재능, 재정, 학위, 지식, 지혜, 경험, 배경 등을 몇 년 안에 획득하기란 쉽지 않다. 결국 그것들을 가진 사람들과 깊은 관계, 즉 인맥을 거미줄처럼 형성해 자기 부족함을 최대한 메꾸는 방식을 택하여 조금이라도 안정감을 더 느껴보고자 한다. 그만큼 불안하기 때문이다. 진정한 안정감을 주고자 하시는 하나님께서 그런 자들을 내려다보실 때, 얼마나 가련하고 처량해 보일까?

땅의 능력, 즉 자기 능력을 묵상하고, 부족한 부분은 인맥으로 메꾸려는 사람들일수록 잘못 묵상하고 있는 사람들이다. 이런 사람들은 잘못될 수밖에 없다. 몇 번 좋은 결과를 얻었다 할지라도 결국은 잘못된 길로 들어서게 되고 잘못된 상황에 빠져서 허우적거리게 된다.

하늘의 능력, 즉 나의 능력이 아닌 하나님의 능력을 묵상하고, 부족한 부분들이 느껴질수록 하나님을 더 깊이 묵상하려는 사람들이야말로 진정한 묵상을 하는 사람들이다. 이런 사람들은 잘 될 수밖에 없다. 혹여 몇 번 좋지 않은 결과를 얻었다 할지라도 끝내 잘된 길로 들어서게 되고, 잘된 상황에서 잘 익은 열매들을 누리게 된다.

자기를 묵상하는 사람은 실패한다. 설령 성공하더라도, 그것은 사람 차원에서 가능한 저차원의 성공이다. 재능, 재정, 배경, 모든 것을 갖추어도 부르심 같이 위대한 것은 성취할 수 없다. 부르심을 성취하려면 반드시 하나님을 묵상하는 사람이 되어야 한다. 자기를 묵상하고 땅의 능력을 묵상하는 어리석음을 온전히 멈춰야 한다. 하나님을 묵상함으로 하늘의 능력을 묵상하는 사람으로 온전히 변화되어야 부르심을 넉넉히 성취할 수 있다.

그런 사람으로 변화되려면 하나님의 능력, 하나님의 지혜, 하나님의 지식, 하나님의 재정, 하나님의 사랑, 하나님의 전지전능하심, 하나님의 끝없으심을 항상 묵상해야 한다. 인간은 자기도 모르게 눈에 보이는 자기 자신과 땅의 것들을 묵상하는 습성이 있다. 우리는 의도적으로 마음을 고요하게 하고, 하나님과 하나님의 능력, 하나님의 성품을 묵상해야 한다. 짧은 시간을 묵상할지라도 매일의 훈련은 우리에게 엄청난 성장과 능력을 가져다 줄 것이다.

부르심이 성취되는 위대한 묵상

많은 크리스천이 자신의 능력, 자격, 상황 등을 핑계 삼아 순종하지 않는 경우가 많다. 자기 인생, 꿈, 계획에 바빠서 거룩한 부르심에는 관심도 없는 경우가 많고, 심지어 본인의 부르심이 뭔지도 모르는 사람도 허다하다. 상황이 이러하니 극히 소수의 사람만 위대하고 영광스러운 하늘 차원의 인생을 살면서 부르심을 성취한다. 모든 크리스천이 위대하고 영광스러운 인생을 살 수 있도록 모든 것이 완벽하게 준비되어 있음에도 불구하고 말이다.

나는 선교사다. 많은 선교사가 선교 현장에서 구슬땀을 흘리며 최선을 다하고 있다. 그러나 많은 선교사가 아직도 본국에서 머물며 선교지로 나아가길 주저하고 있다. 그들 중에는 본인의 부르심이 '어디'(어느 국가)에서 '무엇'(어떤 선교)을 하는 것인지, 기도 가운데 이미 수차례 응답을 받았지만 후원자나 후원 교회, 특히 '파송 교회'가 없어서 선교지로 나가지 못하고 주저주저하는 분들이 많다. '파송 교회'를 못 찾아서 부지런히 이 교회, 저 교회를 기웃거리다가 1년, 2년, 5년, 심지어 10년이 지나 간다. 결국 뜨거움은 사라지고, 부르심이 흐려지며, 아까운 세월만 흘려보내다가 선교를 포기하는 분들도 많다.

이처럼 뜨거운 열정을 가진 선교사들도 자신의 능력을 묵상하는 함정에 빠져 금쪽같은 시간만 낭비하다가 위대한 부르심을 놓치는 경우가 허다하다. 일반 성도들이야 오죽하겠는가? 자기 능력을 묵상하는 함정에 빠진 사람마다 부르심에 빨리 반응하지 못한다. 다수의 성도가 기회를 놓치고, 타이밍을 놓친다. 오직 소수의 성도만 하나님의 끝없는 능력과 사랑을 묵상하고, 부르심에 재빨리 반응한다.

"하나님은 얼마나 대단하신 분이시기에, 나에게 이런 감동과 꿈을 주실까?"

"하나님은 얼마나 부유하고 지혜로우시기에, 나에게 그 큰일을 도전하라고 하실까?"

이렇게 위대한 것을 묵상해야 한다. 위대한 것을 묵상할수록 위대한 능력과 지혜, 재정과 용기가 따라온다. 큰 것을 묵상하면 큰 사람이 된다. 위대한 것을 묵상할수록 위대한 사람이 된다. 내 안에 있는 것들, 땅의 것들은 묵상하기에는 너무 작고 초라한 것이다. 그래서 작고 초라한 것을 묵상할수록 작고 초라한 사람이 된다. 나도 모르게 묵상의 시선을 나 자신에게, 그리고 땅으로 돌리는 습관을 끊어야 한다. 내가 부르심을 성취하지 못 하게 하는 장본인은 악한 원수나 힘든 환경이 아니라, 작고 초라한 것을 묵상하는 저주받은 습관이다. 나쁜 묵상 습관이 나를 부르심의 영광에서 멀어지게 한다.

'사명(使命)'

'사(使, 부릴 사)'
'명(命, 목숨 명)'
나를 부리는 사람에게 목숨을 내놓는다는 뜻이다. 사람을 부리는 사람이 있고, 사람에게 부림을 받는 사람이 있다. 주인은 종을 부리고, 종은 주인에 의해 부려진다. 주인은 종에게 크고 작은 일을 맡기는데, 그 많은 일 중에서 종이 목숨까지 걸어야 하는 일을 '사명'이라 한다. 그것은 얼마나 크고 중요한 일인지, 종의 목숨을 던져야만 완수가 가능하다. 사명이 그렇다. 어찌나 크고 어려운 일인지, 인생 전체를 쏟아부어야 온전히 감당할 수 있다. 그래서 자기 인생, 자기가 중요하다고 여기는 일에 마음을 쏟는 자는 아무도 '사명'을 완수할 수 없다. 그런 이유로 대다수가 사명을 완수하는 데 실패하고, 오직 극소수만이 온전히 사명을 이루는 것이다.

사명은 목숨을 던질 가치가 있다. 사명은 목숨을 던져서라도 이뤄야 할 만큼 위대하고 고귀하다. 목숨을 던져서라도 이루고 싶을 만큼 위대하고 고귀한 것이 사명이다. 목숨을 던져서라도 이루고 싶은 '무엇'이 없다면, 아직 '사명'을 깨닫지 못한 사람이다. '어떤 것을 이룰 수만 있다면, 지금 당장 죽어도 좋다!'는 뜨거움으로 마음이 불타지 않는다면, 아직도 사명에 눈뜨지 못한 사람이다. 그 옛날에는 일본으로부터 독립을 이룰 수만 있다면, 당장 죽어도 좋다는 사람이 많았다. 바울이 복음을 위해 그랬던 것처럼 말이다.

사명을 깨달은 자마다 감격하고 전율한다. 나를 그렇게까지 믿어주신 주인이 너무 고맙고, 나를 영광스러운 일에 써 주시는 주인에게 감동한다. 그래서 사명을 깨달은 자마다 미친 듯이 질주한다. 사명을 깨달은 자마다 열정과 의욕이 넘치고, 피곤하지도 낙심하지도 않는다. 사명을 깨닫는 순간 세상 흔해 빠진 '범인(凡人)'이 시대를 뚫고 질주하는 거룩한 '광인(狂人)'이 된다. 사명을 이루기 위해 열정, 시간, 에너지, 재정, 모든 것을 전력 투입하는 사람만이 진정으로 행복할 수 있다.

그러므로 내가 만든 사명은 사명이 아니다. 주인은 종에게 종의 수준이 아니라 주인의 수준으로 사명을 내린다. 100번 죽었다 깨어나도 종의 수준으로는 주인이 명령한 주인 수준의 사명을 이룰 수 없다. 그래서 사명의 기본은 '목숨을 내 놓는 것'이다. 목숨 내 놓기를 두려워하는 종은 사명을 이룰 수 없다. 자기 목숨을 사랑해서, 자기 목숨이 아까워서, 목숨을 내놓지 못하는 종은 사명을 이룰 자격도 없다. 물론 사명을 성취한 후에 영광을 얻을 자격도 없다.

'사명(使命)'은 다른 말로 '부르심'이다. 많은 사람이 자기가 만든 꿈, 소망을 자기 부르심이라고 착각한다. 하지만 사명과 부르심은 첫째, 하나님이 사람에게 주시는 것이며, 둘째, 사람 수준이 아닌 하나님의 수준이라 너무 크고 위대하다. 하나님은 사람에게 엄청난 부르심을 주신다. 그래서 사람이 본인의 진정한 부르심을 알게 되면, 얼빠진 사람처럼 되거나 혹은 모세처럼 극구 부인하며 도망치려고 한다. 그래서 진지하게 사명과 부르심 앞에 서서 대면하면, 모세처럼 압도되어 자신에게 한없이 절망한다. 우여곡절 끝에 목숨을 내놓고 사명을 붙잡으면 그는 자기를 초월한 위대한 '하나님의 사람'이 된다.

그런 이유로 하나님이 누군가를 부르실 때 부르심의 전체를

다 말씀하지 않으시고, 부분만 말씀하신다. 대부분의 경우에 부정적인 부분, 그러니까 얼마나 외롭고, 얼마나 고생하고, 얼마나 배고프고, 얼마나 큰 절망에 빠질지, 얼마나 많은 공격을 받게 될지, 얼마나 배신을 당하게 될지 등은 말씀하지 않으신다. 좋은 부분만 먼저 말씀하신다. 자기 부르심을 처음부터 완전히 다 알게 된다면, 다들 도망가기 바쁠 것이다. 나쁘게 말하면 속는(?) 것이다. 나 역시 속았다. 나도 필리핀에서 그렇게까지 고생하게 될 줄은 정말 몰랐다.

모세가 하나님께 아뢰되 '내가 누구이기에' '바로에게 가며' '이스라엘 자손을 애굽에서 인도'하여 내리이까(출3:11)

모세가 대답하여 가로되 그러나 그들이 '나를 믿지 아니하며' '내 말을 듣지 아니하고' 이르기를 여호와께서 네게 나타나지 아니하셨다 하리이다(출 4:1)

모세가 여호와께 아뢰되 오 주여 '나는 본래 말을 잘 하지 못하는 자니이다' 주께서 주의 종에게 명령하신 후에도 역시 그러하니 '나는 입이 뻣뻣하고 혀가 둔한 자니이다'(출 4:10)

모세의 반응이 이해가 된다. 모세가 "내가 누구이기에"(출 3:11)

라며 화들짝 놀라는 부분, 백성들이 "나를 믿지 아니하며 내 말을 듣지 아니하고"(출 4:1)라며 주변 사람들 때문에 힘들 것이라며 질색하는 부분, "나는 입이 뻣뻣하고 혀가 둔한 자"(출 4:10)라며 이제는 자기 때문에 힘들 것이라며 고개를 절레절레 흔드는 부분, 마지막으로 "보낼 만한 자를 보내소서!"라며 필사적으로 발버둥 치는 부분까지 이 모든 장면이 충분히 수긍이 된다.

만약 우리에게도 이런 일이 일어난다면 어떻게 될까? 어느 날, 교회에서 혼자 깊이 기도하고 있다고 하자. 하나님께서 갑자기 "아들아, 네가 두바이를 아느냐? 네가 사막에 그보다 큰 도시를 건설해라! 보라! 내가 새 일을 행하리니, 너는 광야에 길을 만들고 사막에 강을 만들라!"고 하신다면, 누가 과연 "아멘! 주여! 종이 여기 있사오니, 종을 써 주시옵소서!"라고 말할 수 있을까? 아마 반사적으로 주변을 둘러볼 것이다. 혹시 나 말고 다른 사람이 기도 중인지 살펴볼 것이다. 주변에 아무도 없는 것 같아도, 포기하지 않고 주변 의자들 사이사이를 샅샅이 살펴볼 것이다. 그렇게 온 교회를 다 둘러보았지만 아무도 찾지 못했다면 무슨 생각이 들까? 아마 이런 생각이 들지 않을까?

'하나님께서 뭘 잘못 말씀하셨나?'

혹은 무슬림권 국가에서 선교하시는 목사님의 간증을 인터넷으로 듣고 있었다 치자. 무슬림이나 공산 국가에서 많은 크리스천이 예수님을 부인하지 않고, 고문을 견디며 순교의 길을 걷고 있다는 소식이 들린다. 더욱 안타까운 것은 목사들도 순교하여 설교할 사람이 없는 상황이라고 한다. 그 간증을 듣다가, 갑자기 안에서 '내 백성을 먹일 목자가 없구나! 내가 누구를 보내며, 누가 우리를 위해 갈꼬?'라는 큰 울림이 들린다면? 그러면 "내가 여기 있나이다! 나를 보내소서!"라고 할 사람이 얼마나 있을까? 당장 인터넷 설교를 꺼버리지 않을까? 다시는 인터넷 설교를 들으려 하지 않을 것이다.

남북 관계가 최악인 어느 날, 뉴스에서 앵커가 남북 관계를 전하고 있다. 그때 난데없이 하나님의 위엄찬 목소리가 들린다. "아들아! 대북관계가 안 좋구나! 핵이 문제다! 당장 북한으로 가서 핵을 없애고 북한 백성들을 한 사람도 남김없이 모두 남한으로 데려와라!"

혹시라도 이런 말을 들었다면, 시간과 뇌가 완전히 정지된 느낌이 들 것이다. 하나님께서 모세를 애굽 왕에게 보내겠다고 선언하신 것처럼, 나에게 북한 지도자를 찾아가라고 말씀하신다면? 반사적으로 이런 말이 튀어나올 것이다.

"내가 누구 관대?"

'신도시 건설', '순교자나 선교사 되기', '출애굽'처럼 '출북한'을 지도하기까지는 않더라도, 우리의 사명은 매우 크고 위대하다. 도무지 한 개인으로는 감당할 수 없다. 하나님은 정말 어마어마한 사명을 우리에게 주셨다.

내가 너와 함께 있으리라

[11] 모세가 하나님께 아뢰되 '내가 누구이기에 바로에게 가며 이스라엘 자손을 애굽에서 인도하여 내리이까' [12] 하나님이 이르시되 '내가 반드시 너와 함께 있으리라' 네가 그 백성을 애굽에서 인도하여 낸 후에 너희가 이 산에서 하나님을 섬기리니 이것이 내가 너를 보낸 증거니라(출 3:11-12)

자기 힘과 지혜로 해결할 수 없는 큰 고난에 빠진 사람마다 이런 자기 한계를 털어놓는다.
"하나님, 제가 당장 파산할 상황입니다!"
"하나님, 저 혼자는 도저히 이 일을 못 합니다!"
"하나님, 저는 배경이 없어서 승진을 못 합니다!"
"하나님, 더는 길이 없습니다. 저는 여기까지인가 봐요!"
이렇게 하나님께 하소연하지만, 하나님의 대답은 한결같다.
"내가 너와 함께 있으리라"(출 3:12)
짧지만 정말 대단한 말이다. 하나님께서 사람과 함께 하시는 것은 사람에게 최고의 전략이고, 최고의 도움이자, 최고의 후원이며, 최고의 능력이고, 최고의 축복이다. 땅에서나 하늘에서나 '하나님께서 나와 함께 하는 것'보다 강한 전략과 지원은 없다.
신약에서 예수님도 말씀하셨다. 예수님은 전무후무한 핍박이 곧 불어 닥칠 것을 아시면서도, 제자들에게 모든 족속으로 제자 삼으라는 '대 부흥'의 '사명'을 주셨다. 예수님은 엄청난 사명을 제자들에게 주시면서 특별한 재정도 넘겨주지 않으셨고, 유력한 후원자도 소개해 주지 않으셨다. 그럴싸한 교회 건물이나 부지 하나 넘겨주지 않으셨다. 게다가 앞으로 헤아릴 수 없이 많은 성도가 순교의 행렬에 동참할 것을 뻔히 아시기도 했다. 그런데 어떻게 위로의 말 한 마디도 없이 "모든 족속으로 제자 삼아라!" 하고 당당히 말씀하셨을까? 그것은 바로 "너희와 항상 함께 있을 것(마 28:20)"이기 때문이다. 그것보다 더 강하고 안전한 약속은 없다. 어떤 환난과 고난이 오더라도, 어떤 대단한 사명(미션)이 맡겨지더라도, '내가 너와 함께 있으리라!'라는 말씀 때문에 우리는 모든 것을 능히 극복하고, 맡겨진 모든 사명을 넉넉히 해낼 수 있다.

모세가 초강대국 애굽을 홀로 쥐락펴락할 수 있던 것도 "내가 정녕 너와 함께 있으리라!"(출 3:12)는 말씀 때문이었다. 애굽은 중앙아시아에서 자타가 공인하는 강력한 최고의 '패자(霸者)-으뜸' 국가였다. 하지만 80세의 모세 앞에서 초라한 '패자(敗者)' 신세로 추락하고 만다. 그 까닭은 모세가 '자기 능력 묵상하기'를 그치고, 모세와 함께하시는 하나님을 바라보며 '그분의 능력 묵상하기'를 시작해서였다. 우리 앞에 수많은 어려움이 산재해 있지만, 우리가 '내 안의 능력'을 묵상하기를 그치고, '나와 함께 하시는 하나님의 능력'을 묵상하기 시작하면, 모세가 했던 것처럼 우리 역시 우리를 둘러싼 수많은 상황을 쥐락펴락 할 수 있을 것이다.

그러나 많은 크리스천이 "내가 너와 함께 있으리라!"의 뜻을 잘 이해하지 못하고 있다. 사람들은 '내가 너와 함께 있으리라!' 같은 두루뭉술한 약속이 아니라, '언제, 무엇을, 어떻게 도와주겠다!'와 같은 눈에 확실히 보이고, 손에 확실히 잡히며, 계산이 정확히 떨어지는 그런 약속을 원한다. 누군가가 "기도해 주겠습니다!", "하나님께서 함께하실 겁니다!"와 같은 실체가 불분명한 말을 해 주는 것 보다, "매달 3만 원씩 후원하겠습니다!"와 같은 구체적이고 실체적인 말을 해 주길 원한다. "내가 너와 함께 있으리라!"는 말씀은 그 말씀을 경험하고 의지하는 자에게는 그 어떤 것보다 큰 도움이 되지만, 경험해보지 않고 의지하지 않는 자에게는 100만 원, 1,000만 원의 후원보다 미약한 능력이다.

우리 교회는 예산이 없다. 2018년 4월을 기준으로 우리 교회의 지교회는 300개를 넘었다. 수도 마닐라가 위치한 가장 큰 루손섬Luzon까지 포함해, 총 8개 섬에 약 300개의 지교회가 흩어져 있다. 빈민가의 가난하고 헐벗은 어린이들을 섬기는 어린이 교회는 총 153개 이다. 빈민가마다 아이들이 넘쳐 나서, 교회 개척이 매우 쉽다. 보통 어린이 교회마다 적게는 30명, 많게는 200명의 어린이가 있다. 2018년 6월 기준, 우리는 약 4,000명 이상의 빈민가 어린이들을 섬기며 예수님께로 인도하고 있다.

내가 담임 목회하는 본교회는 마닐라 중심에 있다. 비싼 월세로 마닐라 외곽으로 이사하라는 조언을 많이 들었다. 하지만 마닐라 동쪽으로 이사하면, 서쪽에 있는 지교회들이 본 교회로 올 수 없어 북쪽으로 이사하게 되고, 남쪽 지교회들이 본교회로 올 수 없게 된다. 우리 교회는 주일마다 모든 사역자가 모이기 위해서 150평에 월세를 300만 원이나 내면서 마닐라 중심부를 고수하고 있다. 이것도 반이나 깎은 가격이다.

교회 월세, 사무실 직원들의 월급, 독거노인과 고아 후원, 153개의 어린이 교회 후원(재정 부족으로 1달에 1번 배식 사역을 지원하고 있다), 신학교 운영 등을 모두 기도로 감당하고 있다. 80명의 성도가 매일 저녁 기도회 후에 저녁 식사를 한다. 요즘은 청소년들이 학교가 끝나면 곧장 교회로 온다. 오자마자 성경 통독, 노방 전도, 제자 교육, 기도회 참석을 하고, 저녁 식사까지 마친 후에 밤 11~12시가 되어야 집으로 돌아간다. 혹은 교회에서 잠까지 자는 등 종일 교회에서 지낸다. 그렇다 보니 1달에 음식 값으로만 400만 원씩 나온다. 상황이 이러하다 보니 아무 행사도 없이 숨만 쉬어도 1달에 1,000~1,200만 원이 든다. 나는 교회에서 사례비 한 푼 받지 않는 목사이니 내 가족의 생활비는 전혀 고려하지 않은 비용이다. 여기에 목회자 세미나, 청소년 캠프, 어린이 캠프까지 정기적으로 진행하고 있으니, 손에 쥐어진 돈을 가지고 예산을 짜면 아무 일도 할 수 없다.

나는 자비량 선교사다. 21살 겨울, 허랑방탕하게 살다가 자살하려고 유서를 쓰고, 마침내 극단적인 일을 저지르려던 어느 날, 갑자기 하나님을 믿게 되었다. 새벽 2시에 만취한 상태로 집에 들어와서 내 방에 있던 동생의 성경책을 끌어안고 1시간 동안 평평 울다가 내 발로 교회에 갔다. 그렇게 하나님의 신기한 역사로 예수님을 진짜로 믿게 되었다. 그 후 3년 동안 200명 넘는 사람들을 강남역 버스 정류장에서 전도하여 교회로 인도하고, 25살이 된 어느날 봄에 선교사가 되어 필리핀으로 왔다.

25살이 된 어느 날, 어디서 신학을 할지 깊은 고민에 빠졌다. 한국에서 신학교 4년, 신대원 3년, 강도사 고시, 목사 고시 등을 거치자니, 10년의 세월이 흐를 것 같았다. 10년 투자하여 35살의 목사로 선교지에 가면 신학교 동기, 선배, 후배, 학교 교수님들, 교단 목사님들이 나의 배경이 되어 큰 도움이 될 것 같았다. 그러나 25살의 혈혈단신으로 아무런 세상적 배경 없이 오직 하나님만 배경 삼아 필리핀에 간다면, 10년 동안 언어, 기후, 음식, 필리핀 현지인 등 모든 적응을 끝내고 대략 자리를 잡을 수 있을 듯했다. 그래서 부모님조차 하나님께 온전히 인도하지 못한 상태로 오직 하나님과 영혼에 대한 뜨거운 사랑만 가슴에 품고 한국을 떠났다.

하지만 25살의 필리핀 현지 신학생에게 후원 교회가 생길 리

만무했다. 덕분에 요즘 시대의 20대는 상상도 할 수 없는 온갖 험난한 고생을 다 겪으며, 오늘에 이르렀다. 지금도 후원 교회는 얼마 되지 않지만, 오직 하나님만 바라보며 꿋꿋이 사역하고 있다. 이런저런 이유로 나는 지금도 자비량 선교사로 살아가고 있다. 그러니 어떻게 예산을 계획하며 사역할 수 있겠는가? 예산을 안 세우는 것이 아니라, 예산을 못 세우는 것이다. 예산 없이 굴릴 수밖에 없는 처지고, 통장을 뒤져봐야 별것도 없다. 그러니 나에게는 '내가 너와 함께 있으리라!'는 약속보다 더 소중하고 중요한 건 없다. 그 말 안에 우리가 필요한 모든 능력, 지혜, 지식, 경험, 재정, 배경, 인맥이 다 들어가 있다. 그것만 있으면 다 된다!

하나님은 나의 그릇에 비교하면 엄청나게 큰 사역을 맡겨 주셨다. 너무 과분할 정도다. 나의 초라한 능력, 재정, 인맥으로는 도저히 감당할 수 없는 수준의 사역이다. 하지만 "내가 너와 함께 있으리라!"는 말씀을 굳게 의지하여, 한 달 한 달을 잘 버티며 조금씩 전진하고 있다. 우리 인생은 '하나님께서 얼마나 우리와 함께 해 주시는가'에 따라 결정된다. 할렐루야!

하나님께서 모세에게 물으셨다.
"네 손에 있는 것이 무엇이냐?"

이 질문은 오늘 우리에게도 동일하다.
지금 내가 손에 쥐고 있는 것은 과연 무엇인가.
혹 아직도 미련을 버리지 못한
나의 인생, 나의 꿈, 나의 계획, 나의 재능 등은 아닌가.

목자에게 지팡이는 가장 중요한, 없어서는 안 될 꼭 필요한 그것이다.
누구에게나 그런 지팡이가 하나씩 있다.
그 애지중지한 지팡이를 꽉 잡고 사는 것이 지금 우리의 모습이다.
하지만 하나님은 오늘 우리에게 이렇게 말씀하신다.

"목자의 지팡이를 버리고, 하나님의 지팡이를 잡아라!"

2장

목자의 지팡이와
하나님의 지팡이

'목자의 지팡이'를 내던져라

모세의 두 번째 불신이다. 한번 의심하고 불평한 사람은 한번으로 끝내지 않는다. '내가 누구 관대?'가 통하지 않자, 이제는 애꿎은 백성을 탓하기 시작한다. 모세는 백성이 자신을 믿지 않을 것이라 확신했다.

> [1] 모세가 대답하여 이르되 그러나 그들이 나를 믿지 아니하며 내 말을 듣지 아니하고 이르기를 여호와께서 네게 나타나지 아니하셨다 하리이다 [2] 여호와께서 그에게 이르시되 '네 손에 있는 것이 무엇이냐' 그가 이르되 '지팡이니이다' [3] 여호와께서 이르시되 그것을 땅에 던지라 하시매 곧 '땅에 던지니 그것이 뱀이 된지라' 모세가 뱀 앞에서 피하매 [4] 여호와께서 모세에게 이르시되 네 손을 내밀어 그 꼬리를 잡으라 '그가 손을 내밀어 그것을 잡으니 그의 손에서 지팡이가 된지라'(출 4:1-4)

하나님은 뜬금없이 "네 손에 있는 것이 무엇이냐?"고 물으셨다. 모세는 "지팡이입니다!"라고 대답했는데, 그것은 모세가 미디안 광야에서 장인어른의 양을 칠 때 사용하던 '목자의 지팡이'였다. '목자의 지팡이'를 던지니 뱀이 되었다. 그리고 뱀의 꼬리를 잡으니, 다시 지팡이가 되었다.

처음 모세가 잡고 있었던 건 '목자의 지팡이'였다. '목자의 지팡이'는 나의 인생, 나의 꿈, 나의 소원, 나의 계획, 나의 재능, 나의 직업, 나의 스타일을 의미한다. 그러므로 모든 사람은 각자 '자기 지팡이'를 잡고 있다. 목자가 목자로서의 인생과 양 치는 일을 잘 감당하려면 '목자의 지팡이'가 절대적으로 필요하듯, 모든 사람은 각자의 인생과 직업을 잘 감당하기 위해서 '자기 지팡이'가 필요하다. 각자 취향에 맞는 나무를 잘라다가 깎아서 '자기 지팡이'로 삼고 평생 그것을 사랑하고 사용하며 의지한다.

그러나 후에 모세가 다시 잡은 지팡이는 '하나님의 지팡이'였다. '하나님의 지팡이'는 하나님의 꿈, 하나님의 소원, 하나님께서 맡기신 소명, 하나님의 계획, 하나님의 재능, 하나님께서 주신 직업, 하나님의 스타일, 하나님의 방향을 의미한다.

목자에게 '목자의 지팡이'는 소중하다. 목자의 지팡이를 버리고, 양을 치러 가는 목자는 없다. 그러나 하나님은 우리가 '목자의 지팡이'를 잡고, 아등바등 살아가길 원치 않으신다. 그 불완전한 삶을 끝내길 원하신다. '하나님의 지팡이'를 잡고 위대하고 능력 있게, 그리고 시원시원하게 살아가길 바라신다.

그러기 위해선 소중히 여겼던 '목자의 지팡이'를 포기해야 한다! 내려놓아야 한다! 버려야 한다! 멀리 던져야 한다! 힘껏 내동댕이쳐야 한다! 지금까지 '목자의 지팡이'를 손에 꽉 움켜지고 있었기 때문에 '하나님의 지팡이'를 잡지 못한 것이다.

'하나님의 지팡이'를 잡는 법

가난하고 초라한 인생을 원하는 사람은 없다. 보다 나은 삶, 보다 강한 인생, 더 영향력 있는 인생을 원한다. 그러려면 '하나님의 지팡이'를 잡아야 한다. 80세였던 모세는 꿈과 열정이 사라지고, 장인어른의 양을 치면서 시간을 때우고 있었다. 마치 꺼져가는 불과 같았던 모세가 '목자의 지팡이'를 버리고 '하나님의 지팡이'를 잡은 순간, 그는 중동 전체를 불태우고 삼킬 수 있는 거대한 불이 되었다. 순식간에 사람이 변했다. 모든 하나님의 자녀는 '목자의 지팡이'를 당장 던져 버리고, 지금 이 순간부터 '하나님의 지팡이'를 잡아 호령하고 떨치며 정복해야 한다.

그런데 처음부터 '하나님의 지팡이'를 바로 잡은 사람은 없다. '하나님의 지팡이'를 잡으려는 사람들마다 반드시 '뱀 꼬리'부터 잡아야 한다.

> [3] 여호와께서 이르시되 그것을 땅에 던지라 하시매 **'곧 땅에 던지니 그것이 뱀이 된지라'** 모세가 뱀 앞에서 피하매 [4] 여호와께서 모세에게 이르시되 **'네 손을 내밀어 그 꼬리를 잡으라'** 그가 손을 내밀어 그것을 잡으니 그의 손에서 지팡이가 된지라(출 4:3-4)

목숨을 내 놓아야, 뱀 꼬리를 잡을 수 있다. 하나님의 지팡이를 잡으려면, 뱀 꼬리부터 잡아야 한다. 직선형이며 딱딱하고 죽은 물체인 지팡이를 던지니, 곡선형이며 부드럽게 살아 있는 생명체인 뱀으로 변했다. 40년간 목자로 살면서 광야의 모든 동·식물을 경험한, 광야에서 잔뼈가 굵은 모세가 화들짝 놀라서 도망간 것을 보면, 이 뱀은 맹독을 가진 독사가 분명하다.

> 여호와께서 가라사대 그것을 땅에 던지라 곧 땅에 던지니 그것이 뱀이 된지라 '**모세가 뱀 앞에서 피하매**'(출 4:3)

'목자의 지팡이'를 버리면 저절로 '하나님의 지팡이'를 잡을 수 있는 것이 아니다. '목자의 지팡이'를 던질 때 목숨까지 함께 던져야 한다. 다시 말하면 '뱀 꼬리'를 잡아야 한다. 그래야 '하나님의 지팡이'를 온전히 잡을 수 있다. 나의 인생, 나의 꿈, 나의 소원, 나의 계획, 나의 재능, 나의 직업, 나의 스타일, 나의 고집을 온전히 내려놓지 못한 사람은 '하나님의 지팡이' 즉 '부르심의 지팡이'를 결코 잡을 수 없다.

뱀이 나타났다. 놀라운 것은 뱀이 아니라, 하나님의 명령이다. 그 명령은 "뱀 대가리를 발로 밟아라!"가 아니었다. "뱀 꼬리를 손으로 잡아라!"였다. 모세는 그 뱀이 독사라는 것도, 독사에게 물리면 즉사하는 것도 알고 있었다. 그리고 뱀에게 물리는 가장 좋은 방법은 뱀 꼬리를 가만히 잡는 것이라는 것도 알고 있었다. 보나마나 1초도 안 되어 화가 난 뱀은 꼬리를 잡은 모세의 손을 물어 버릴 것이 분명했다.

하나님의 뜻은 모세가 '하나님 안에서 죽는 것'이다. 우선 모세가 목숨을 내려놓기를 결정해야 했다. 그런 사람만 온전히 하나님의 지팡이를 잡고, 하나님의 일을 감당할 수 있다. 하나님 안에서 죽음을 경험한 사람이 가장 겸손하고, 가장 강한 사람이다. 하나님 안에서 죽음을 경험해야 비로소 하나님께서 붙잡고 쓰시기에 편한 사람이 된다. 하여 하나님 안에서 죽음을 경험한 사람만 소명을 이룰 수 있다. 죽음을 경험하지 않더라도 죽음에 비길만한 고통, 다시는 돌아가고 싶지 않은 지긋지긋한 과거, 생각만 해도 몸서리쳐지는 고난이 필요하다. 많은 사람에게 그런 고난의 경험이 있다.

그런데 그 고난을 감사함으로 돌파해야 한다. 원망과 불평, 불만으로 일관한다든지, 오직 고난의 시간이 지나가기만을 바라며 달력만 보고 있다든지, 그렇게 소극적으로 '시간 때우기'를 하면 안 된다. 감사와 믿음으로 충만해야 한다. 하나님을 신뢰하는 뜨거운 마음으로, 적극적으로 고난에 기쁨으로 대응하며, 두들기고 부딪히면서 저돌적으로 돌파해야 한다.

목숨을 내놓아야 부르심을 온전히 잡을 수 있다. 부르심을 온전히 붙잡은 사람들, 한 시대에 획을 그은 사람들, 자기 그릇 이상으로 대업을 이룬 사람들, 이들에겐 공통점이 있다. 바로 죽음 혹은 죽을 것 같은 고통을 통과하면서, 자기를 내려놓는 과정을 겪었다는 것이다. 단순히 큰 고난을 겪었기 때문에 "나는 산전, 수전, 공중전까지 다 겪었다!"고 말하는 것이 아니라, 그 과정에서 자기를 내려놓는 과정이 있었던 사람이 이에 해당한다. 모세의 상황으로 표현하면, '목자의 지팡이'를 버리고, '뱀 꼬리 잡기'에 도전한 사람, 그리고 마침내 '하나님의 지팡이'를 잡은 사람인 것이다.

그러므로 뱀 꼬리를 의심과 불안, 초조함으로 슬며시 잡아서는 안 된다. 그러면 뱀이 분노하여 나를 물어 죽일 수도 있다. 사명을 받았음에도 불구하고, 다가오는 잠깐의 고난에 두려워 위축되고 믿음을 잃어버리면, 정말로 그 뱀이 나를 물어 죽을 수도 있다. 고난이 나를 삼키는 것이다. 고난을 딛고 도약하는 것이 아니라, 고난에 걸려 넘어지게 된다.

'절대로 이 뱀은 나를 죽일 수 없다!', '절대로 이 고난은 나를 삼킬 수 없다!'는 마음으로, 뱀이 화들짝 놀라서 기절할 정도로 강하게 잡아야 한다. 고난이 올수록 더 강하게 부르짖어 눈빛이 살아 있고, 말에 힘이 넘치고, 의욕과 기운이 넘쳐야 한다. 그래야 내가 고난에 눌리지 않고, 고난이 나에게 눌리게 된다.

모세의 갈등

> 여호와께서 모세에게 이르시되 '네 손을 내밀어 그 꼬리를 잡으라' 그가 손을 내밀어 그것을 잡으니 그의 손에서 지팡이가 된지라(출 4:4)

하나님은 모세를 쓰시겠다고 선언하셨고, 모세는 불신을 드러내며 버텼다. 하나님이 뱀 꼬리를 잡으라 하셨을 때, 모세는 자기 귀를 의심했을 것이다. 그리고 "내가 누구이기에…"(출 3:11), "그들이 나를 믿지 아니하며…"(출 4:1)라고 말하며 끝까지 버텼던 자기 모습이 떠올라 별별 생각을 다 했을 것이다.

'아니! 나를 쓰시겠다더니 이제는 죽이려고 하시네?'
'내가 너무 심하게 말대꾸를 해서 화가 나셨나?'
'내가 너무 예의가 없어 보였나?'
'아? 질문하면 죽는 거였나?'
'쓰겠다, 죽이겠다 중에 어느 것이 진심이지?'

하나님께 받은 소명이 클수록 큰 고난을 경험한다. 소명을 받고 큰 기대를 했건만, 수년 째 빈털터리다. 그나마 근근이 이어가던 사업도 흔들리거나 문을 닫기도 한다. 갈수록 생활고에 시달리고, 가까운 사람들은 떠나며, 나에 대한 온갖 부정적인 소문만 돈다. 마치 하나님께서 나를 버리시고, 멀리 떠나신 것 같다. 과연 하나님께서 나를 쓰시겠다고 말씀하셨던 그 음성, 그 비전,

그 약속은 취소된 것일까? 아니면 하나님은 그렇게 말씀하지 않으셨는데, 나 혼자 착각한 것일까? 나는 이대로 사람들의 기억 속에서 사라지고 잊히는 것일까? 하나님께 큰 사명을 받은 사람 중에, 한 때 이런 고난과 감정을 경험하지 않은 사람은 없다.

뱀 꼬리를 잡았던 사람들

부르심을 찾은 사람들은 크게 2종류로 나눌 수 있다. '뱀 꼬리를 잡은 사람들'과 '뱀 꼬리를 잡지 않은 사람들'이다. 이 둘의 차이는 매우 크다. 고난도 종류와 깊이가 각각 다르다. '그 정도 고난은 몇 번 겪었다!', '힘든 고난이었지만, 다시 겪어야 한다면 견딜 수 있다!'는 정도의 고난은 누구나 겪는 고난이다. 그러나 '다시 겪고 싶지 않은', '그때 이야기를 하면 항상 눈시울이 뜨거운' 흔치 않은 극한 고난도 있다. 후자의 경우처럼 흔치 않은 극한 고난을 겪는 사람 중에서 자기 목숨과 인생, 꿈을 온전히 내려놓는 경우가 '뱀 꼬리를 잡는 사람'에 해당한다.

성경에 '목자의 지팡이'는 내려놓았지만 '뱀 꼬리'를 잡지 않았던, 그래서 '하나님의 지팡이'를 잡지 않고 역사의 무대 위에 섰던 사람이 있다. 이런 사람은 부르심은 찾았지만, 뱀 꼬리를 잡지 않은 상태에서 인생의 정점을 찍었던 사람들이다. 대표적으로 아담, 기드온, 사울 왕이 그랬다. 이들은 처음과 중간은 좋았으나, 끝이 안 좋았다.

반대로 '목자의 지팡이'를 내려놓고 '뱀 꼬리'를 잡았던, 그래서 '하나님의 지팡이'를 잡고 역사의 무대 위에 섰던 사람이 있다. 이런 사람은 부르심을 찾고, 뱀 꼬리를 잡는 경험을 통해 하나님 앞에 목숨까지 내려놓는 겸손함을 잘 간직한 채로 인생의 정점을 찍은 사람들이다. 대표적으로 요셉, 모세, 다윗, 바울이 그랬다. '뱀 꼬리 잡기'를 경험한 사람들은 처음보다 중간이, 중간보다 끝이 더 좋다.

'목자의 지팡이'를 버린 후에 뱀은 보았지만, 목숨을 내려놓고 '뱀 꼬리 잡기'를 하지 않은 사람들은 부르심을 거의 다 성취한 것처럼 보이는 시점에서 갑자기 넘어진 경우가 상당히 많다. '뱀을 보는 것'과 '뱀 꼬리를 잡는 것'은 하늘과 땅 차이다. 이런 사람들은 소중한 '목자의 지팡이'도 버렸고, 무서운 뱀과 마주치는 고난도 경험해 보았기 때문에, 본인을 바닥부터 철저하게 다지며 올라간 사람으로 착각한다. 실패와 성공을 번갈아 맛보면서 성장했던 만큼, 본인의 성공에 추호의 의심도 하지 않는다. 본인뿐만 아니라, 그 누구도 그가 넘어질 것이라 믿지 않는다. 아담과 기드온, 사울 왕의 시대에도 이들이 넘어질 것이라 예상한 사람은 없었다. 그러나 거의 다 올라간 시점에서, 갑자기 그들이 무너졌다. 의외로 기초 공사가 약한 고층건물이었다. 이런 사람들은 아무리 고난을 통과한 경험이 있어도, 또 하나님 나라를 위한 꿈이 제아무리 컸어도, 더 큰 영향력이나 지위, 명예, 권력, 부귀가 오기 전에 멈추는 것이 낫다. 그것이 본인 스스로와 주변 사람들과 하나님 나라를 위한 길이다.

세상 모든 것이 경영이다. 경영은 관리인데, 관리 중에서도 인사 관리가 핵심이다. '인사(人事)가 만사(萬事)'라는 말처럼, 지도자는 인사에 대한 지식과 지혜, 기술, 임기응변이 필수다. 세상에 존재하는 많은 종류의 경영 중에서 목회가 고난위도 기술을 요하는 어려운 경영인 이유가 있다. 모든 종류의 사람들을 다 받아주어야 하고, 한 사람도 버리지 않고 잘 데리고 가야 하기 때문이다. 목회가 얼마나 힘들고 어려운지, 몸과 마음이 멀쩡한 사모가 많지 않다. 오죽하면 '목사 똥은 개도 안 먹는다.'는 말이 있겠는가? 필리핀에서 현지인을 대상으로 목회를 하려니 얼마나 어렵냐고들 생각할 것이다. 성도들과 체형, 피부색, 문화, 식성, 언어, 민족성 등 모든 것이 다르니 말이다.

그럼에도 나의 필리핀 목회는 참 쉽다. 성도들이 정말 충성스럽고 귀하기 때문이다. 한국에서 오시는 목사님들과 교회들이 이구동성으로 우리 성도들을 칭찬하며 감탄하신다. 모든 것이 측량할 수 없는 하나님의 은혜가 풍성히 임한 덕분이다. 우리 교회는 몸에 문신한 청소년들, 10년 가까이 길에서 노숙하던 청소년들, 마약과 본드에 중독된 청소년들, 고아 출신의 청소년들이 꽤 많다. 그들은 교회에 첫발을 디딘 후로 급변하여, 뜨겁게 눈물 흘리며 찬양과 기도와 예배를 드리고, 이제는 예전의 마약 친구, 노숙자 친구, 교도소 친구, 고아 친구, 빈민가 친구들에게 하나님의 사랑을 전하고 있다. 많은 10대, 20대가 빈민가로 찾아가 가난하고 헐벗은 빈민가 아이들을 30명, 50명, 100명씩 모아서 예배를 인도하며, 많은 영혼을 하나님께 인도하고 있다.

필리핀중앙교회는 노방 전도와 교회 개척이 '교회 문화'로 자리 잡았다. 초신자가 은혜를 받으면, 자기를 전도한 리더를 쫓아서 리더의 사역을 따라다니며 돕는다. 그러다가 그 초신자는 영혼을 향한 사랑을 견디지 못하고, 다른 마을의 빈민가로 찾아가서 교회를 개척한다. 그래서 웬만큼 뜨거운 청소년과 청장년들은 교회를 개척해서 예배를 인도하는 사역자가 되었다.

필리핀중앙교회가 이처럼 성장한 배경에는 제자 훈련을 하면서 가장 집중했던 '자기 부인'이 있다. 모세의 상황으로 보면 '뱀 꼬리 잡기' 훈련이다. '자기 부인'을 하지 않고는 불가능한 '뱀 꼬리 잡기' 훈련에 집중했더니, 성도들이 얼마나 강하고 충성스러워졌는지 모른다. 그래서 성도들을 볼 때마다 그들의 충성스러움이 참 신기하여, 이런 생각을 많이 한다.

'어떻게 나 같은 놈 밑에 저런 귀한 사람들이 있을 수 있을까?'

모든 것이 하나님의 은혜다. 모든 것이 하나님의 은혜지만, 주인이 종의 인생을 통해 하시고자 하는 일에 종 스스로가 방해꾼이 되지 않아야 한다. 그래야 주인께서 마음껏 일하실 수 있다. 하나님께 방해가 되지 않는 종이 되기 위해, 내 나름대로 '인사관리'에 대해 연구하며 내공을 쌓아 나갔다. 그 중에 하나가 '뱀 꼬리를 잡은 사람 찾기'와 '뱀 꼬리 잡기 훈련'이었다.

뱀 꼬리 잡기를 결정한 사람들

> 이에 예수께서 제자들에게 이르시되 '누구든지 나를 따라오려거든 ①자기를 부인하고 ②자기 십자가를 지고 ③나를 따를 것이니라'
> (마 16:24)

예수님의 설교는 크게 2가지로 구분된다. 첫째, 진짜 제자가 되고 싶은 사람들에게 하신 설교와 둘째, 구경꾼처럼 모인 군중들에게 하신 설교다. 두 설교는 깊이와 강도에서 확연한 차이가 있다. 위 말씀은 진짜 제자가 되려는 성도에게 하신 말씀이다. 예수님 당시의 제자들도 현대 크리스천처럼 '그냥 예수님을 따라가면, 제자가 된다!'는 식으로 쉽게 생각했던 것 같다. 그런 자들에게 예수님은 '나를 따라오는 데는 3단계가 있다!'(마 16:24)라고 말씀하셨다. 요즘에 '자기 부인'을 하는 크리스천이 몇 퍼센

트나 되는지 모르겠지만, 그 어렵고 심오한 것을 '제자 되기 1단계'라고 말씀하셨다. 다시 말하면 예수님은 '자기 부인'을 하지 않는 성도는 예수님의 제자 팀과 사역에 필요하지 않다고 생각하셨다. 예수께서 '자기 부인'을 하지 않은 제자를 크게 사용하실 수 없듯이, 하나님은 '뱀 꼬리'를 잡지 않은 사람을 크게 사용하실 수 없다. 구약에서 하나님께서는 가장 강력했던 선지자 모세를 부르실 때, '뱀 꼬리 잡기' 테스트 후에 모세를 붙잡아 쓰셨다. 신약에서 예수님 역시 가장 강력했던 집단인 사도들을 부르실 때 '자기 부인'을 입학시험이라 선언하시며, 옥석을 가리신 후에 붙잡아 쓰셨다. 구약의 '뱀 꼬리 잡기'와 신약의 '자기 부인'이 다른 것 같지만, 본질은 같다.

'뱀 꼬리 잡기'를 결심한 것은 목숨, 혹은 목숨 같이 중요한 어떤 것을 포기하겠다는 결정과 같다. 이런 부분 역시 '자기 부인'과 일맥상통한다. 성경에는 하나님 나라를 위해 모든 것을 버리고 떠나겠다고 결정한 사람들이 많다. 먼저, 아브람이 그랬다. 그리고 그는 열국의 아비인 아브라함이 되었다.

[1] 여호와께서 아브람에게 이르시되 '너는 너의 고향과 친척과 아버지의 집을 떠나 내가 네게 보여 줄 땅으로 가라' [2] 내가 너로 큰 민족을 이루고 네게 복을 주어 네 이름을 창대하게 하리니 너는 복이 될지라 [3] 너를 축복하는 자에게는 내가 복을 내리고 너를 저주하는 자

에게는 내가 저주하리니 땅의 모든 족속이 너로 말미암아 복을 얻을 것이라 하신지라 ⁴ 이에 '아브람이 여호와의 말씀을 따라갔고' 롯도 그와 함께 갔으며 아브람이 하란을 떠날 때에 칠십오 세였더라 (창 12:1-4)

농사꾼 엘리사도 그랬다. 그리고 그는 엘리야의 후계자가 되어 무너지는 민족을 이끈 위대한 선지자가 되었다.

¹⁹ 엘리야가 거기서 떠나 사밧의 아들 엘리사를 만나니 그가 열두 겨릿소를 앞세우고 밭을 가는데 자기는 열두째 겨릿소와 함께 있더라 엘리야가 그리로 건너가서 겉옷을 그의 위에 던졌더니 ²⁰ 그가 소를 버리고 엘리야에게로 달려가서 이르되 청하건대 '나를 내 부모와 입 맞추게 하소서 그리한 후에 내가 당신을 따르리이다' 엘리야가 그에게 이르되 돌아가라 내가 네게 어떻게 행하였느냐 하니라 ²¹ 엘리사가 그를 떠나 돌아가서 '한 겨릿소를 가져다가 잡고 소의 기구를 불살라 그 고기를 삶아 백성에게 주어 먹게 하고 일어나 엘리야를 따르며 수종 들었더라' (왕상 19:19-21)

어부였던 베드로와 안드레, 요한과 야고보도 그랬다. 그들은 가족과 배, 그물과 물고기를 버렸고, 훗날 세계를 진동시키는 위대한 사도가 되었다.

[18] 갈릴리 해변에 다니시다가 두 형제 곧 베드로라 하는 시몬과 그의 형제 안드레가 바다에 그물 던지는 것을 보시니 그들은 어부라 [19] 말씀하시되 나를 따라오라 내가 너희를 사람을 낚는 어부가 되게 하리라 하시니 [20] '그들이 곧 그물을 버려 두고 예수를 따르니라' [21] 거기서 더 가시다가 다른 두 형제 곧 세베대의 아들 야고보와 그의 형제 요한이 그의 아버지 세베대와 함께 배에서 그물 깁는 것을 보시고 부르시니 [22] '그들이 곧 배와 아버지를 버려 두고 예수를 따르니라'

(마 4:18-22)

성경에 수많은 인물이 하나님 나라를 위하여 순식간에 모든 것을 버렸다. 그들은 목숨이나 가장 소중한 것을 내려놓고 포기하길 조금도 두려워하지 않았다. 뱀 꼬리 잡기를 마다하거나 주저하지 않았던 사람들이었다.

뱀 꼬리를 잡겠다는 사람들

죽음의 광야를 경험하지 않은 사람은 크게 쓰임 받을 수 없다. 죽음, 혹은 그에 필적한 고통의 시간을 통과해야만 하나님께서 쓰시기 편한 사람으로 다듬어진다. 공격과 비난, 핍박 때문에 하나님 나라와 교회, 여러 종교 단체에 종종 위기가 찾아온다. 이

때 성도들은 하나님 나라와 교회를 방어하고 보호해야 하는데, 사탄이 작정하고 덤빌수록 방어가 어려워진다.

사탄의 공격이 매우 거세지면, 목숨을 내놓거나 그에 필적할 만한 큰 희생을 자진해서 감당할 사람이 등장해야 한다. 만약 누구도 목숨을 내놓겠다고 나서지 않으면, 그 교회나 단체는 완전히 무너진다. 설령 살아남는다고 하더라도 예전처럼 힘을 다시 떨치기 힘든 상태로 추락한다.

그런데 한 번도 죽음을 경험하지 못한 성도는 하나님 나라나 교회에 아무리 큰 위기가 왔다 하더라도 목숨을 내놓기가 어렵다. 반대로 한 번 혹은 몇 차례 죽음에 비길만한 고통을 통과한 사람은 하나님 나라를 위해 목숨을 내놓기가 훨씬 수월하다. 그래서 교회마다 '뱀 꼬리를 잡아본 사람'이 필요하다. 그들은 결정적인 상황에서 대가를 바라지 않고, 자원하여 나서서 하나님 나라와 교회를 지키기 때문이다. 그래서 뱀 꼬리를 잡은 사람이 귀하고 귀하다.

이들은 축구에서 골키퍼와 같다. 골대 앞에 1명의 골키퍼가 서 있는 것과 5명, 10명의 골키퍼가 나란히 서 있는 것은 엄청난 차이다. 실제 축구 경기에는 골키퍼 1명만 서 있을 수 있지만, 영적 전쟁에서는 '다다익선(多多益善)'이다. 골키퍼가 많을수록 그 교회는 골을 먹을 가능성이 매우 낮아진다. 그런데 교회마다 뜨거운 성도들은 여럿 있지만, 하나님 나라를 위해서 뱀 꼬리를 잡아본 사람은 정말 흔치 않다. 요즘 많은 교회가 사탄의 공격에 힘없이 무너지는 것을 보면 정말 그런 것 같다.

중국 교회에 핍박이 있다. 사실 예전의 핍박이 지금보다 심했다. 한창 뜨겁게 예배드리는데 공안이 들이닥쳐 설교를 마치고 강단에서 내려오는 설교자를 잡아간다. 그러나 하나님(하나님 나라), 하나님의 집(교회), 하나님의 종(목사)을 위해 다음 설교자가 준비된 경우가 많았다. 담임 목사의 체포를 예상하고, 다음 설교자를 뽑았기 때문이다. 다음 주에 2번째 설교자가 잡혀가도, 3번째 설교자가 준비되어 있기 때문에 주일 예배는 문제없다. 3번째 설교자가 잡혀갈 것을 대비하여, 4번째 설교자가 준비되어 있다. 4번째 설교자가 잡혀갈 것을 대비하여, 5번째 설교자도 준비되어 있다. 설교하는 자마다 잡혀가서 고문당할 것을 알지만, 하나님 나라를 위해 목숨 내놓기를 주저하지 않았다. 오히려 그걸 영광으로 알고 담대히 자원하여 설교했다.

하나님을 위한다는 것은 이런 것이다. 첫째로 하나님의 나라를 위한 것이고, 둘째로 하나님의 교회, 셋째로 하나님의 종을 위하는 것이다.

이것을 달리 표현하면, 하나님을 위해 목숨을 던지는 것은 하나님의 나라, 하나님의 교회, 하나님의 종을 위해 목숨을 던지는 것이다. 하나님의 나라나 교회를 위해 목숨을 던지는 것은 충분히 이해하더라도, 하나님의 종을 위해 목숨을 던지는 것은 쉽게 납득할 수 없을지도 모른다. 하지만 이 역시 매우 중요한 문제다.

다른 각도로 생각해보자. 목자 없는 양들이 건강히 자랄 수 없듯이, 목양하는 목사 없는 '양 떼의 모임(=교회)'이 건강히 자랄 수 없다. 수많은 교회가 모여 하나님 나라를 이룬다고 생각해보면, 목사는 하나님 나라에 절대적으로 필요한 존재다. 그러므로 하나님을 위하는 것은 하나님의 나라, 하나님의 교회, 하나님의 종을 위하는 것이라고 설명해도 큰 무리는 없을 것이다.

그런데 요즘은 목사의 권위나 목사에 대한 존경과 사랑이 예전과 다르다. 안타깝지만 이게 눈앞의 현실이다. 그래서 목사가 '성도의 역할과 중요성'은 이야기해도 '목사의 역할과 중요성'은 이야기하지 못한다. '목사는 성도를 진심으로 사랑하고 존경해야 한다'라고 말은 해도 '성도도 목사를 진심으로 사랑하고 존경해야 한다.'라고 말하기를 어려워한다. 소도 비빌 언덕이 있어야 비비는데, 현실이 너무 받쳐주지 않으니 이에 관해서 목사들은 입 열기가 쉽지 않다. 지식과 재정의 풍성함이 성도들의 교만으로 이어져 성도들은 그런 말을 듣길 싫어한다. 물론 모든 목사와 모든 성도가 그런 것은 아니지만, 이런 문제가 있는 것은 분명하다. 그러나 현실이 그렇다하여 우리가 추구해야 할 모습까지 바뀌는 것은 아니다. 그러므로 우리는 현실이 어떻든 간에 이를 추구해야 하며, 또 이렇게 말해야 한다.

누가 나를 위해 감옥에 함께 가겠습니까?

내가 처음 신앙 생활한 교회는 청년이 많은 교회였다. 담임 목사님은 깨끗하고 아름다운 학처럼 흰옷을 즐겨 입으시는 분이셨는데, 그분의 영성과 지성, 인격에 감동한 많은 청년이 그분을 아버지처럼 사랑하며 따랐다. 나 역시 그분을 아버지같이 사랑하며 존경했다. 그래서 기도 시간마다 항상 그분을 위해 먼저 중보기도를 한 후에 개인 기도를 했었다.

같은 민족이라 그런 것만은 아니다. 나는 필리핀에서 2003년부터 선교를 시작했고, 2008년부터 필리핀 현지인을 대상으로 목회를 시작했다. 필리핀중앙교회에는 가난으로 고등학교도 졸업하지 못한 성도들이 매우 많다. 그런 성도들은 대부분 영어를 못한다. 그런데 나는 필리핀어가 서툴러 영어로 설교한다. 그러면 본당 뒤에서 한 사람이 마이크를 잡고 동시통역하고, 영어에 서툰 성도들은 통역기에 이어폰을 꽂아서 설교를 듣는다. 동시통역 덕분에 설교에 은혜는 받지만, 담임 목사인 나와 편하게 대화할 수 있는 성도는 드물다.

그런데 그들은 나를 너무너무 사랑한다. 하나님께서 우리에게 여러 지교회를 주셨지만, 내가 직접 장로로 세운 사람은 오직 '에스더'라는 50대 초반의 여성뿐이다. 너무나 귀한 분이다. 장로님은 나보다 10살 이상 연세가 많다. 그런데 장로님은 항상 나를 "아빠", 사모를 "엄마"라고 부른다. 참 신기한 일이다. 아버지Father가 아니라, 아빠Papa라고 부른다.

장로님만 그런 것은 아니다. 우리 성도들은 10대, 20대는 물론이요, 40대, 50대들도 내게 문자 메시지나 엽서 카드를 줄 때마다 "아빠!"라고 글을 쓴다. 그야말로 '남녀노소(男女老少)' 할 것 없이, 나를 아버지로 여기며 존중하고 사랑해준다. 빈민가에서 평생을 살았던 성도들, 교도소에서 살았던 성도들, 부모 없이 자란 고아 성도들, 온몸에 문신한 성도들, 마약과 본드에 중독되었던 성도들, 이런 성도들이 우리 교회에 와서 하나님을 만나고 은혜를 받으니, 나를 그렇게 사랑하는 것 같다. 축도를 끝으로 주일 예배를 마치고 강대상에서 내려오면, 남자 성도들은 내게 다가와 한참을 끌어안는다. 하나님을 사랑하는 성도들은 담임 목사를 사랑한다. 그리고 성도들이 순수하고 겸손할수록, 담임 목사를 더욱 사랑하고 존경한다.

어느 날, 바울에 대해 설교하고 있었다. 10평의 좁은 기도실에서 수십 명이 둘러앉아 은혜를 받으며, 설교에 빨려 들어가고 있었다. 갑자기 장난기가 발동해 이런 질문을 했다.

"며칠 동안 감옥에 있을 수 있겠습니까?"

한 사람씩 돌아가며 대답했다. 남자 성도들은 3일, 1주, 2주, 한 달이라고 대답했다. 감옥에서 살았던 아이들은 3달, 6개월까지 대답했다. 하기야 그런 아이들은 거기나 여기나 별반 차이가 없을 것이다. 여자 성도들은 3일, 1일, 반나절까지 견딜 수 있다고 했고, 어떤 이는 반나절도 못 있겠다고 했다. 위생상태가 매우 더러운 필리핀 감옥이니 충분히 이해가 됐다.

몇 달 후였다. 한국에서 '새로운 교회'의 담임 목사님과 사모님, 청년들이 단기 선교를 왔다. 나는 기도와 말씀, 목회에 대해 조금 보수적이고 구식인 편이다. 그래서 기도와 말씀 생활, 목회 사역에 흐름이 끊어지고 지장이 생길까봐 단기 선교를 선호하지 않는 이상한(?) 선교사다. 그래서 매우 친한 교회만 단기 선교를 온다. 새로운 교회는 필리핀중앙교회와 형제 교회 사이이고, 양쪽 청년들이 매우 친하다. 그런 이유로 그 교회의 단기 선교팀이 와도, 나는 굳이 그들을 따라다니지 않는다.

단기 선교팀이 오면 낮에는 외부사역을 하는데, 두 교회 청년들이 마닐라에 있는 여러 우리 지교회를 방문해서 사역한다. 외부사역은 그날 방문할 지교회 사역자와 그 사역자의 제자들만 투입되어, 한국 청년들과 함께 사역한다. 그 시간에 본교회에서는 우리 사역자들과 신학생들, 청년들이 세미나에 참석하는데 한국에서 오신 목사님과 내가 번갈아 설교한다. 저녁에는 외부사역을 마치고 돌아온 한국 성도들과 필리핀 성도들이 참석하는 집회가 열린다. 마지막 집회인 금요 저녁 집회는 내가 인도한다.

마지막 금요일 집회였다. 바울이 영적 아들인 디모데에게 썼던 편지 일부분을 설교하던 중이었다. '나와 함께 고난을 받을지니'(딤후 2:3) 부분을 설교하다가, 갑자기 장난기가 발동했다.

¹ 내 아들아 그러므로 너는 그리스도 예수 안에 있는 은혜 가운데서 강하고 ² 또 네가 많은 증인 앞에서 내게 들은 바를 충성된 사람들에게 부탁하라 그들이 또 다른 사람들을 가르칠 수 있으리라 ³ 너는 그리스도 예수의 좋은 병사로 '나와 함께 고난을 받으라'(딤후 2:1-3)

"여러분~ 내가 바퀴벌레를 못 잡잖아요!"

필리핀중앙교회 성도들이 웃는다. 부끄러운 고백이지만 사실 내가 누군가를 부르면 바퀴벌레가 나타났다는 뜻이다. 매우 매우 다급하게 누군가를 부르면, 매우 매우 큰 바퀴벌레가 나타난 것이다. 그래서 나의 다급한 목소리를 들으면, 성도들은 손에 슬리퍼 한 짝을 쥔 채로 달려온다. 내 사무실에 들어와서 바퀴벌레를 잡지 않은 남자 일꾼이 거의 없을 정도였으니, 말해 무엇하랴!

"여러분~ 내가 쥐도 못 잡잖아요!"

성도들이 더 신이 났다. 히죽히죽 거리는 성도도 있었고, 깔깔거리는 성도도 있었다.

"여러분~ 내가 바퀴벌레를 어떻게 잡아요? 내가 쥐를 어떻게 잡아요? 그런데 만약에 내가 감옥에 들어가면 어떡해요? 밤에는 불안해서 어떻게 자요? 내가 잠을 잘 때, 옆에서 바퀴벌레와 쥐를 잡아줄 사람이 있어야 할 거 아니에요? 그리고 필리핀 수

감자가 나를 때리면 어떡해요? 누가 막아줘야 할 거 아니에요?"

결과가 매우 궁금했다. 장난기도 있었지만, 솔직히 궁금했다. 물론 한국에서 온 형제 교회와 우리 성도가 함께 설교를 듣는 자리인지라, 결과에 따라서 망신을 당할 수 있는 상황이었다. 하지만 정말 순수한 마음으로 궁금했다. 그래서 약간 뜸을 들였다가 이렇게 물었다.

"만약에, 아주 만약에요. 내가 감옥에 간다면, 누가 나를 위해 감옥에 함께 가겠습니까?"

내 말이 끝나자마자, 놀랍게도 거의 모든 남자 청년들이 눈을 크게 뜬 채로 머리 위로 손을 번쩍 들었다. 순간 눈물이 왈칵 쏟아질 것 같았다. 당시에 참석했던 한국의 '새로운 교회'는 우리 교회의 희한한 가족애(愛)를 익히 알고 있던 터라 더러는 신기해하고, 더러는 놀라고, 더러는 웃기도 하셨다. 그런데 그 감격스러운 순간에, 나는 또다시 장난기가 발동했다. 이번에는 경매하듯이 강단을 이리저리 왔다 갔다 하며 장난을 쳤다.

"자~ 1주 동안, 나를 위해 감옥에 갈 수 있는 사람?"

손을 들었던 사람들은 그대로 손을 들고 있었다.

"자~ 2주?"

다들 그대로 손을 들고 있었다.

"한 달?"

많은 청년들이 손을 내리긴 했지만, 그래도 여전히 수십 명이 손을 들고 있었다.

"두 달?"

"세 달?"

"여섯 달?"

손을 조금씩 내리긴 했지만, 여전히 20명 넘는 아이들이 손을 들고 있었다. 이쯤해서 그만 두어야 하는데, 한 번 발동된 장난기는 좀처럼 수그러들지 않았다. 앞에서 흥정하는 나는 재미가 붙었고, 둘러보는 한국 성도들은 신기해했고, 손을 들고 있는 청년들은 비장하고 진지했다. '여섯 달'까지 부르고 나서는 '년'으로 단위를 올렸다.

"1년?"

"2년?"

"3년?"

"7년?"

3년 즈음에서 많이 손이 내려갔지만, 5~7년까지 손을 드는 청년들이 있었다. 감격스러웠다. 장난하려던 마음도 사라지고, 7년에서 멈췄다. 그렇게 3년 이상으로 손 든 청년들 중에는 감옥 경험이 없었던 청년들도 있었다. 당시 한국에서 오신 분들은 이런 생각을 했을지도 모른다.

'원래 필리핀 사람은 감옥을 두려워하지 않나 보구나!'

하지만 그렇지 않다. 그 청년들은 얼마 전에 '바울의 교도소'에 대한 설교에서 보통은 1달 미만, 최대 6개월까지 감옥 생활을 할 수 있다고 손은 든 청년들이다. 자신을 위해서는 1~6개월까지 감옥을 견딜 수 있다고 했던 그들이, 담임 목사를 위해서는 3~7년까지 견디겠다고 했다. 하나님 나라의 영광을 위해서나, 사랑하는 조국의 독립을 위해서나, 무슨 대단한 업적을 위해서가 아닌, 단지 담임 목사를 위해 바퀴벌레와 쥐를 잡아주기 위해서 말이다.

자신을 위해 당장에라도 기꺼이 감옥으로 향하겠다고 다짐하며 전의를 불태우는 청년들의 진지한 눈빛과 힘차게 뻗어 올린 수많은 주먹을 강대상 위에서 보았다면, 그 누구라도 눈물을 터트렸을 것이다. 얼마나 감동적인가! 나같이 형편없는 사람을 위해서 꽃도 제대로 피지 않은 순수하고 아까운 청춘들이 꽃피는 것을 포기하고, 꽃망울 자체를 꺾어버리겠다는 것이. 물론 우리 청년들이 순수하여, 혹은 혈기왕성하여, 혹은 분위기에 휩쓸려서 손을 들었을 수도 있다. 40세가 '불혹(不惑)'이라지만 내 마음도 갈대 같은데, 청년들의 순간적인 결심을 어찌 믿을 수 있을까? 그 마음이 얼마나 오래갈지는 알 수 없는 일이다. 그러나 그 당시는 진심이었다. 대장을 뜨겁게 사랑하고, 대장을 위해서 어떤 고난도 마다치 않겠다는 군사들이 모인 군대, 그런 군대가 이 시대에 절실히 필요하다.

나는 21살 겨울(1999년 12월)부터 25살 봄(2003년 3월)까지, 한국에서 신앙생활을 했다. 아직 술, 담배도 끊지 않은 1달 된 초신자 시절부터 '영혼 구원'에 목숨을 걸었다.

'방언을 받으려면 하나님께 불쌍히 여김을 받든지, 아니면 하나님을 기쁘시게 해야 한다!'라는 청년들의 이런 이상한 논리(?)에 넘어가 오직 '방언의 은사'를 받기 위해 하나님께서 제일 좋아하신다는 영혼 구원에 앞장섰다. 그렇게 해서 한국에서 3년 반 동안, 노방 전도로 200명 이상의 영혼을 교회로 인도하고, 25살에 선교사가 되어 아내의 손을 잡고 필리핀으로 왔다.

초신자 때부터 매일 3시간씩 기도했고, 예수를 믿은 지 6개월 무렵부터는 3~7시간씩 기도했다. 오직 기도와 전도에 미친 뜨거운 사람이었지만, 딱 1번 모든 것을 내려놓으려고 했었다.

초신자 시절에 우리 교회가 큰 어려움에 빠졌다. 교회도 문제였지만, 담임 목사님께서 자칫 감옥에 가실 수도 있는 상황이었다. 목사님은 부정을 저지를 분이 아니셨지만, 상황이 애매하게 꼬여갔다.

어느 날 목사님은 '감옥'에 대한 가능성을 설교 중에 언급하셨다. 설교를 듣던 중에 이런 생각을 했다.

'목사님께서 감옥에 가신다고?'

'목사님께서 혼자 가시면 매우 힘드실 텐데, 어쩌지?'

'매일 저녁 기도회에서 목사님의 설교를 들으며 기도했기 때문에 내가 이렇게 변했는데, 목사님이 감옥에 가시면 앞으로 설

교는 어떻게 듣지? 차라리 같이 감옥에 갈까? 낮에는 목사님을 돕고, 저녁에는 목사님의 설교를 들을까?'

황당하지만 진짜로 이런 생각을 했다. 장난으로 한 번 생각해 본 것이 아니라, 매우 심각하고 진지하게 고민했다. '목사님을 위해 감옥에 가느냐 마느냐!'는 당시 나의 유일한 화두가 되었고, 해서 나는 상당히 심각했다. 그런데 몇 주 후에 목사님과 가장 가까운 분에게서 충격적인 말을 듣게 되었다.

목사님께서 하나님께 이런 기도를 올렸다고 한다.

"하나님! 제가 감옥에 간다면, 누가 따라오려고 하겠습니까?"

그런데 그에 대한 하나님의 대답이 너무 충격적이었다.

"아무도 없다!"

결국 목사님은 그 응답을 듣고 펑펑 우셨다고 했다.

그 말을 듣고 나 역시 큰 충격을 받았다. 그리고 크게 탄식하며 이런 생각을 했다.

'아! 나는 우리 목사님을 위해 감옥에 갈 것을 정말 진지하게 고민하고 있었지만, 하나님께서 보셨을 때는 내 마음이 그에 못 미쳤구나!'

내가 하나님을 사랑하는 마음, 교회를 사랑하는 마음, 목사님을 사랑하고 존경하는 마음이 하나님 눈에는 턱없이 부족했다는 생각이 들었다. 며칠 동안 기도할 때마다 그 생각이 나서 펑펑 눈물을 쏟았다. 그러나 그때 중요한 것을 깨달았다. 초신자든

교회 가방 끈이 긴 사람이든 간에, 하나님을 자기 목숨 이상으로 사랑하게 되면 하나님을 위해, 교회를 위해, 그리고 목사님을 위해 목숨을 초개같이 버릴 수 있겠다는 것이다.

내가 22살에 직접 그런 경험을 했기 때문에, 우리 필리핀 청년들의 목자를 향한 뜨거운 사랑을 충분히 이해한다. '동서고금(東西古今)'을 막론하고 누구든 하나님을 자기 목숨만큼, 혹은 자기 목숨 이상으로 사랑하면 하나님과 교회, 목사님을 향해 그런 마음이 생길 것이라 확신한다.

목자의 생명, '목자의 지팡이'

목자는 양치는 사람이다. 그래서 목자에게 지팡이는 말로 표현할 수 없을 정도로 소중하고 중요하다. 목자의 일을 잘 감당하려면 컴퓨터나 자동차가 아닌, 목자의 지팡이가 필요하다. 목자가 양을 치러 나갈 때 아무것도 가지고 가지 않더라도 지팡이는 반드시 가져가야 한다. 지팡이가 없으면 아무것도 할 수 없다. 양을 인도할 수도 없고, 양을 칠 수도 없고, 양을 보호할 수도 없는 천하에 쓸모없는 목자가 된다.

그런데 하나님은 목자의 지팡이를 던지라고 하신다. 우리가 가장 소중히 여기는 재능, 돈, 시간, 건강, 남편, 아내, 자녀, 남자 친구, 여자 친구를 온전히 내려놓으라고 하신다. 바닥에 내동댕이쳐서 그것들을 의지하는 마음에서 온전히 해방되라고 말씀하신다. 목자가 목자의 지팡이를 내려놓으면, 그 순간부터 그는 쓸모없는 목자가 되는데도 말이다.

"나는 쓸모없는 목자다!"
"나는 쓸모없는 인간이다!"
"나는 쓸모없는 선교사다!"
"나는 쓸모없는 교수다!"
"나는 쓸모없는 의사다!"

우리가 과연 이런 고백에 이를 수 있을까? 우리 안에 있는 재능과 기술 덕에 직장과 사회에서 가치 있는 존재가 될 수 있고, 맡겨진 일을 잘 감당하는 사회 구성원이 될 수 있다. 좋은 대우와 존경을 받을 수 있는 존재가 되는 것이다. 그런데 그런 소중한 것을 온전히 내려놓아야 한다. 마치 내가 애초부터 재능과 기술이 전혀 없었던 사람처럼 느껴져야 하고, 그 느낌을 '실재(實在)'로 받아들여야 한다. 그럴 때 비로소 하나님 앞에 아무것도 아닌 존재로 설 수 있다. 눈앞에 양 떼가 있지만, 양을 칠 수 있는 연장과 기술이 전혀 없는 초라한 목자로 하나님 앞에 서야 한다. '뭐, 그런 셈 치지!' 정도의 감정이 아니다. '나는 정말 목자의 지팡이를 잃어버린 쓸모없는 목자다!' 혹은 '내 손에 목자의 지팡이는 완전히 없어졌다!'는 것을 느낌이 아닌 실제로 다가올 정도로 깊이 묵상하고 받아들여야 한다.

모세는 '목자의 지팡이'를 완전히 포기하며 던졌다. 그리고 목숨을 내려놓고 뱀 꼬리를 잡았더니, 그 지팡이가 '하나님의 지팡이'로 변했다. 그리고 그것은 인류 역사에서 가장 강력한 지팡이가 되었다. 모세가 지팡이로 나일강을 치면 강물이 피로 변했고(출 7:20-21), 땅을 치면 이가 애굽 온 땅을 덮었다(출 8:16-17). 지팡이를 땅에서 조금 들면, 동쪽에서 강력한 바람이 불어와 메뚜기 떼가 온 지면을 덮었다(출 10:13-15). 모세가 지팡이로 하늘을 가리키면 하늘에서 불붙은 우박이 쏟아졌고(출 9:23-25), 바다를 가리키면 바다가 쩍하고 갈라져 마른 땅이 드러났다(출 14:15-16). 하늘과 땅, 바다와 강, 산천과 초목, 바람과 우박이 지팡이 앞에 떨며 반응했고, 지구가 지팡이의 권위 앞에 엎드려 순종했다.

모세와 아론이 여호와께서 명령하신 대로 행하여 바로와 그의 신하의 목전에서 '지팡이를 들어 나일 강을 치니 그 물이 다 피로 변하고'

(출 7:20)

여호와께서 모세에게 이르시되 아론에게 명령하기를 '네 지팡이를 들어 땅의 티끌을 치라 하라 그것이 애굽 온 땅에서 이가 되리라'

(출 8:16)

'모세가 애굽 땅 위에 그 지팡이를 들매 여호와께서 동풍을 일으켜 온 낮과 온 밤에 불게 하시니 아침이 되매 동풍이 메뚜기를 불어 들인지라'(출 10:13)

'모세가 하늘을 향하여 지팡이를 들매 여호와께서 우렛소리와 우박을 보내시고 불을 내려 땅에 달리게 하시니라' 여호와께서 우박을 애굽 땅에 내리시매(출 9:23)

'지팡이를 들고 손을 바다 위로 내밀어 그것이 갈라지게 하라' 이스라엘 자손이 바다 가운데서 마른 땅으로 행하리라(출 14:16)

하나님 앞에서 지팡이를 잠깐 내려놓았을 뿐이다. 잠시 손에서 내려놓았다 다시 잡았을 뿐인데, 역사에 둘도 없는 강력한 지팡이가 되었다. 세상 모든 국가가 육·해·공군을 한 장소에 모아도, 모세의 손에 잡힌 지팡이보다 강하지 않다. 세상 모든 핵폭탄과 수소폭탄을 모아도, 모세의 손에 잡힌 지팡이에 비할 수 없다. 세상에 어떤 대단한 것을 가져와도, 모세의 손에 잡힌 지팡이와 견줄 만한 것이 없게 되었다.

하지만 막상 지팡이를 던지려니, 지팡이가 너무 작고 초라하여 마음에 걸리는 사람도 있을 것이다.

"내 지팡이는 좋은 나무 재질이 아닌데?"

"아무래도 큰 지팡이를 던져야 큰 역사가 있지 않을까?"

"큰 지팡이를 던져야 하나님께서 좀 더 쉽게 역사할 수 있지 않을까?"

"큰 지팡이를 던진 저 사람은 나보다 크게 쓰임 받지 않을까?"

분명한 건 모세가 사용했던 목자의 지팡이는 크고 우람하고 멋있는 지팡이가 아니었다. 어떻게 80세의 노인이 크고 무거운 나무를 종일 들고 다닐 수 있겠는가?

모든 사람의 손에는 재질, 무게, 길이, 모양이 각각 다른 지팡이가 들려있다. 하나님은 지팡이의 재질과 수준에 따라 역사하시는 것이 아니다. 오직 하나님 앞에 지팡이를 내려놓는 중심을 보시고 역사하신다. 중요한 것은 '지팡이의 외모'가 아니라, 하나님 한 분만 의지하며 진심으로 지팡이를 포기하는 '사람의 중심'이다.

> 여호와께서 사무엘에게 이르시되 그의 용모와 키를 보지 말라 내가 이미 그를 버렸노라 내가 보는 것은 사람과 같지 아니하니 **사람은 외모를 보거니와 나 여호와는 중심을 보느니라**' 하시더라(삼상 16:7)

우리도 모세처럼 하나님 앞에서 뭔가를 내려놓으면 동일한 역사가 일어난다. 우리 안에 일어난 놀라운 변화 때문에 가족이 깜짝 놀라고, 친구들과 동료가 우리를 존경의 눈으로 바라보게 된다. 사회와 국가가 주목하고, 세계가 깜짝 놀라는 그런 일들이 일어나며 그것이 일상이 된다.

나의 작고 초라한 재능과 기술을 통해 하나님께서 놀라운 역사를 일으키실 것이다. 모세처럼 고령의 나이일지라도, 모세처럼 가진 것 없이 처가살이하며 장인어른의 심부름이나 하는 인생일지라도, 모세처럼 꺼져가는 불이 되어 다시는 활활 탈 수 없는 것 같은 인생이 되어버렸을지라도, 모세처럼 다시는 기회가 없는 것 같은 잊히고 버려진 사람이 되었을지라도 말이다. 그 어떤 사람일지라도, 그 어떤 상황에 처했을지라도, 지금 손에 잡힌 초라한 지팡이를 하나님께 던져 보라! 그 순간 기적은 반드시 일어난다.

그런 기적의 삶을 살고 싶지 않은가? 1년이라도 그런 삶을 살고 싶지 않은가? 1달 혹은 단 하루라도 그런 위대한 삶을 살고 싶지 않은가? 걱정할 것 없다. 1달이나 1년이 아니라, 평생 그렇게 살 수 있다. 반드시 그렇게 될 것이다.

지금 당장, 목자의 지팡이를 하나님께 던져라!

모세가, 하나님의 지팡이를 손에 잡았더라

모세가 그의 아내와 아들들을 나귀에 태우고 '애굽으로 돌아가는데 모세가 하나님의 지팡이를 손에 잡았더라'(출 4:20)

목숨과 인생, 꿈을 내려놓은 모세가 드디어 부르심을 붙잡았다. 그런데 이 말은 모세가 한 말이 아니다. 그렇다고 가족이나 아론, 미리암 등 주변 사람이 선언한 것도 아니다. 사람이 아니라 성경이 선언한 것이다. 모세가 부르심에 온전히 반응한 모습을 하나님의 입장에서 한 마디로 표현한 것이 이것이다.

'모세가 하나님의 지팡이를 손에 잡았더라!'

우리가 하나님께서 주시는 부르심에 온전히 반응했을 때의 모습이 영적인 세계에서는 '○○○가 하나님의 지팡이를 잡았다!'로 보이는 것이다. 당신은 지금, 하나님의 지팡이를 잡았는가?

출애굽기 4장 20절은 성경에서 '하나님의 지팡이'가 처음 등장하는 구절이다. 분명히 모세의 손에 잡힌 지팡이였고, 모세의 소유였던 지팡이다. 그런데 성경은 지팡이의 소유권이 하나님께로 넘어갔다고 선언한다. 성경에서 '누구의 것'인 어떤 물건을 '하나님의 것'이라고 문자적으로 선언한 첫 사건이다.

물질 세계에서 부르심을 잡으면, 영적인 세계가 변한다! 우리가 하나님으로부터 오는 위대한 부르심을 온전히 잡을 때, 그 위대한 부르심을 넉넉히 이룰 수 있는 위대한 지혜와 능력, 재능, 재정, 돌파가 우리에게 덧입혀지는 놀라운 변화가 영적인 세계에서 일어난다. 분명히 나의 인생, 나의 꿈, 나의 소원, 나의 계획, 나의 재능, 나의 직업, 나의 스타일이었는데, 갑자기 하나님의 인생, 하나님의 꿈, 하나님의 소원, 하나님의 계획, 하나님의 재능, 하나님의 직업, 하나님의 스타일로 바뀌는 것이다. 평범했던 한 사람이 하나님의 계획으로 깊숙이 들어가서 하나님의 지혜와 능력, 재능, 돌파를 덧입고, 하나님께서 주신 부르심을 이루기 위해 무섭게 질주하고 있다면, 그는 하나님의 부르심을 온전히 붙잡은 사람이다. 다시 말해 그는 손에 '하나님의 지팡이'를 잡고 뛰는 사람이다.

반대로 수많은 사람이 '하나님의 지팡이'를 잡지 않은 채, 하나님의 계획과는 무관하게 자기가 만든 계획과 목표를 향해서 뛰고 있다. 인간의 눈에는 그런 사람이 목표를 향해 부지런히 노를 젓는 것처럼 보이지만, 하나님 눈에는 그의 인생은 목적지 없이 망망대해를 표류하는 배에 불과하다. 그런 이유로 '하나님의 지팡이'라는 부르심을 붙잡은 사람은 부르심을 넉넉히 이루고, 부르심을 붙잡지 못한 사람은 부르심을 어설프게 이루다가 인생이 끝나 버린다. 세상사를 볼 때 부르심을 온전히 이룬 사람이 극소수에 불과한 것은 오직 소수만 하나님으로부터 오는 부르심에 관심을 두고 부르심을 붙잡기 때문이다. 그래서 모든 사람에게 위대한 사명과 그 사명을 이루는 위대한 인생이 계획되어 있지만, 안타깝게도 많은 이는 그 인생길을 걷지 못한다.

'목자의 지팡이'를 던져본 경험이 있는가?
내가 붙잡고 있는
나의 인생, 나의 꿈, 나의 소원, 나의 계획, 나의 재능,
나의 직업, 나의 스타일, 나의 고집을
하나님 앞에 온전히 내려놓고 포기한 적이 있는가?
한 번이라도 그런 경험을 해 본 적이 있는가?
그런 경험이 있다면,
당신은 분명 비범한 인생을 사는 중이다.

지금, 손에 잡고 있는 지팡이는 목자의 지팡이인가?
아니면 하나님의 지팡이인가?
목자의 지팡이를 던지고,
하나님의 지팡이를 잡을 때의 기분이 어떤지 아는가?
하나님의 지팡이를 잡고 움직였을 때,
한 번도 느껴보지 않은 신기한 감정을 경험해 본 적이 있는가?

지팡이를 던져라! 위대한 동행이 시작될 것이다!

3장

모세의 지팡이가 사라지다

사라진 목자의 지팡이

> 모세가 그의 아내와 아들들을 나귀에 태우고 애굽으로 돌아가는데 모세가 '하나님의 지팡이를 손에 잡았더라'(출 4:20)

모세가 부르심을 깨닫고, 애굽으로 돌아왔다. 손에 들린 것이라고는 40년째 사용하던 지팡이지만, 소유권이 모세에게서 하나님께로 넘어갔다. '소유권'이 바뀌면서 '용도'도 바뀌었다. 예전에는 양 떼를 인도하는 목자의 지팡이였지만, 이제는 백성을 인도하는 하나님의 지팡이로 '용도 변경'이 되었다. 목자의 지팡이를 던지면, 하나님의 지팡이가 된다.

예나 지금이나 수십 년째 내 안에 있는 것들이 있다. 나의 일부가 되어버린 나의 재능, 기술, 지혜를 하나님 앞에 던지면, 하나님의 재능, 기술, 지혜로 변화되어 소유권이 나에게서 하나님께로 넘어간다. 소유권이 바뀌면, 용도도 바뀐다. 예전에는 나의 꿈, 계획을 이루기 위한 나의 재능, 기술, 지혜였지만, 이제는 하나님의 꿈, 계획을 이루기 위한 하나님의 재능, 기술, 지혜로 '용도 변경'이 이루어진다.

성경에서 모세가 들고있던 '목자의 지팡이'가 사라졌다. 미디안 광야에서 애굽으로 돌아오는 모세의 손에는 지팡이가 들려 있었지만, 모세의 등 뒤에는 모세를 따라오는 양 떼가 없었다.

양 한 마리도 없이 목자의 지팡이만 덜렁 들고 나타난 모세. 그를 본 이스라엘 백성은 처음에는 기쁘고 반가웠겠지만, 곧 어리둥절했을 것이다.

배도 없이 노만 한 자루 덜렁 들고, 광활한 사막을 걷고 있는 백발의 노인을 생각해 보라. 누가 봐도 미친 노인이다. 그 노인이 오랜 여행 끝에 드넓은 사막을 횡단하여 먼 타국에 있는 친척들 앞에 노만 한 자루 든 채 떡하니 등장했다면, 사람들은 어떤 반응을 보일까? 아마도 백성은 모세와 대화하는 중에도 모세의 뒤를 힐끔힐끔 보면서 양이 한 마리라도 따라오는지 확인했을 것이다. 양 한 마리도 발견하지 못한 백성이 황당한 얼굴로 모세의 얼굴과 손에 지팡이를 번갈아 쳐다보았다면 어떨까? 모세는 그들의 표정을 보고 어떻게 대답했을까?

백성 : ('아니! 저건 목자의 지팡이 아냐? 뒤에 양 한 마리도 없는데…. 실성했나?')
모세 : "아~ 이거요? 이건 목자의 지팡이가 아니라, 하나님의 지팡이입니다! 하하하!"

모세가 지팡이를 들어 올리면서 해맑게 웃으며 이렇게 말했다면, 백성은 모세가 실성한 것을 '의심'하다가 '확신'했을 것이다. 그런데 사람들이 모르는 중요한 것이 있다. 목자가 '목자의 지팡이'를 들고 걸어가면 양 떼가 따라오고, 사람이 '하나님의 지팡이'를 들고 걸어가면 백성이 따라온다. 하늘 관청에 '소유권 이전'을 마치면, '용도 변경'이 자동으로 이루어지며 놀라운 변화가 따라온다. 예전에는 신통할 것 없는 평범한 재능과 기술, 지혜였다. 하지만 '용도 변경' 이후에는 내 안에 있는 재능, 기술, 지혜에 신령한 기름부음이 덮이고, 그 위에 꺼지지 않는 성령의 불이 붙어서 밋밋했던 인생이 폭발하기 시작한다.

말 한 마리가 벚꽃을 구경하듯, 여유롭게 좌우를 둘러보며 흥얼거리면서 마차를 끌고 있었다. 그런데 갑자기 엉덩이 뒤에서 '꽝!' 하는 굉음과 함께 마차에 불이 붙었다. 말은 불에 타 죽지 않으려고 미친 듯이 질주한다. 한가로이 웃던 눈은 사라졌다. 금방이라도 터질 것 같은 시뻘건 실핏줄이 눈을 가득 덮었다. 얼마나 눈을 크게 떴는지 당장 눈알이 튀어나올 기세다. 얼마나 빨리 달리는지 휘날리던 눈썹이 뽑혀 나갈 지경이다. 살고 싶은 절박함 때문에 출처를 알 수 없는 초인적인 힘이 솟아났다. 달리기에 신통치 않은 말이라서 '마차용 말'로 사용하던 중인데, 당장 '용도 변경'을 해서 '경주마'로 써도 부족하지 않은 천하의 명마가 되었다. 누가 봐도 '2등을 하느니, 죽겠다!'는 일사 각오로 달리는 말처럼 보인다. 70% 속도로 뛰면서도 정작 본인은 100% 노력을 하고 있다며 항변하던 게으른 말이었는데, 갑자기 200%를 넘어 500~1,000% 능력을 발휘하기 시작했다. 마치 무협지 소설의 그

것처럼 앞발이 땅에 닿기도 전에 뒷발이 따라오고, 뒷발이 땅에 닿기도 전에 앞발을 내지르는 날개 달린 '용마(龍馬)'처럼 뛰고 있다. 절박함과 최선이라고는 눈 씻고 봐도 찾을 수 없던 게으른 말이었다. '도착하는 시간이 곧 도착 시간이다!' 혹은 '서울만 가면 된다!'고 흥얼거리면서, 좌우를 두리번거리며 인생을 즐겼던 순박한 말이었는데, 마차 부분에 불이 붙으면서 '도착 예상 시간을 1초라도 줄이지 못하면, 영원히 당근을 먹지 않겠다!'라는 비장한 자세로 뛰는 말이 되었다.

목표 없이 살던 우리 인생이 부르심에 눈을 뜨게 되면 이렇게 변한다. 마음에 불이 붙고, 속도에 불이 붙고, 인생에 불이 붙는다. 그러면 우리는 한 번도 경험하지 못했던 속도로 질주하는 최고의 '천리마'가 된다. 불이다! 성령의 불이 붙어야 한다! 부르심을 붙잡아야 성령의 불이 붙는다.

'하나님의 지팡이'로 하나님의 일을 하는 사람

차가운 성도, 뜨뜻미지근한 성도, 뜨거운 성도. 이렇듯 주님을 향한 성도들의 사랑은 각각 다르다. 하나님을 사랑하여 헌신하는 성도들을 크게 두 부류로 나눌 수 있다.

첫째는 '나의 것으로 하나님을 위해 사용'하는 성도다. 주님을 사랑하는 많은 성도가 이에 속한다. 이들은 이렇게 고백한다.

"하나님! 저의 '인생'을 하나님을 위해 사용하겠습니다!"
"하나님! 저의 '시간'을 하나님을 위해 사용하겠습니다!"
"하나님! 저의 '재정'을 하나님을 위해 사용하겠습니다!"
"하나님! 저의 '재능'을 하나님을 위해 사용하겠습니다!"

말로만 하는 성도도 있겠지만, 많은 성도가 하나님과 교회를 위해 본인의 인생과 시간, 재정과 재능을 사용하고 있다. 차가운 성도와 뜨뜻미지근한 성도는 이렇게 열심히 헌신하는 사람들을 신앙심이 매우 깊은 사람이라 생각한다. 헌신하는 그들 자신도 본인을 성숙한 성도라고 생각한다. 그리고 그렇게 생각하는 것이 당연하다고 여길 것이다.

둘째는 '하나님의 것으로 하나님을 위해 사용'하는 성도다. 이들은 본인 소유였던 '목자의 지팡이'를 하나님 앞에 내려놓은 성도다. 소유권을 포기하고, 명의 이전하여, 용도 변경까지 끝마친 성도다. 자기의 가장 중요한 무언가가 없어져 버린 상태다. 하여 더는 자기 지팡이가 없는 사람이다. 지팡이처럼 새롭고, 아름답고, 소중하고 값비싼 것들이 생길 때마다 하나님께 명의 이전을 하고, 용도 변경을 했다. 그리고 이것이 습관이 되어 셀 수 없이 많은 다양한 지팡이를 하나님께 드렸다. 땅, 집, 차, 가족, 인생, 시간, 재정, 재능, 직업 등의 소중한 지팡이를 하나님께 모두 드렸고, 이제는 '하나님의 지팡이'가 된 그것을 하나님께 잠시 빌려 하나님을 위해 사용하는 성도다.

하나님께 지팡이를 드린 사람은 자기 지팡이가 없다. 그들에게는 2가지 특징이 있다. 첫째는 자기 지팡이가 없다는 것이고, 둘째는 하나님 나라를 움직이는 신적 능력이 임한다는 것이다.

자기 것이 없는 사람! 이런 사람은 세상에서 가장 강력하고 무서운 사람이다. 하나님은 '나의 지팡이'를 들고 하나님을 위해 일하는 정도의 수준을 원하시는 것이 아니다. '나의 지팡이', '목자의 지팡이', '모세의 지팡이'가 온전히 사라져야 한다. 나의 지팡이를 여전히 들고 있기 때문에, 하늘이 열리지 않는 것이다. '자기 지팡이'를 잡은 사람 1만이 모이고 100만이 모여도 시대를 바꿀 수 없지만, '하나님의 지팡이'를 잡은 한 사람은 시대를 주도하며 이끌 수 있다. 자기 지팡이를 잡은 사람이 바다 모래처럼 많고, 하늘의 별처럼 많아도 사탄의 왕국에 치명타를 가할 수 없다. 그러나 사탄은 하나님의 지팡이를 잡은 한 사람을 두려워한다. 사탄의 왕국은 그런 자들이 나타날 때마다 형편없이 구겨지고 찢겨지며 망가지곤 했었다.

비록 극소수였지만, 시대마다 그런 사람이 여럿 존재했다. 그 사람은 하나님 나라에 강력한 구심점이 되어 그에게 유능한 인재들이 모이고, 그를 중심으로 강력한 세력이 형성된다. 또 그를 필두로 정예군대가 출현하며, 하나님 나라가 급속히 재편된다. 이런 사람 1명이 일어서면, 하나님 나라는 강력하게 폭발하며 급성장한다. 이들은 이렇게 고백한다.

"하나님! 하나님의 '인생'을 하나님을 위해 사용하겠습니다!"
"하나님! 하나님의 '시간'을 하나님을 위해 사용하겠습니다!"
"하나님! 하나님의 '재정'을 하나님을 위해 사용하겠습니다!"
"하나님! 하나님의 '재능'을 하나님을 위해 사용하겠습니다!"

이들은 쩨쩨하거나 쫀쫀하거나 궁색하거나 추잡하지 않다. 이왕 드릴 '인생'이라면, 아낌없이 드린다. 이왕 드릴 '시간'이라면, 넉넉하게 드린다. 이왕 드릴 '재정'이라면, 더 풍성히 드린다. 이왕 드릴 '재능'이라면, 더 팍! 팍! 기부한다. 이들은 하나님께 뭐든 지나칠 정도로 한다. 하나님께 드리는 것이 너무 좋다. 하나님께 드리는 그 순간이 너무 행복하다. 하나님께 많이 드리고 있으면서도, 더 드리지 못해 아쉬워한다.

그들은 광신자 소리를 종종 듣는다. 그러므로 광신자 소리를 듣지 못하는 크리스천은 자신이 정말 크리스천인지, 정말 하나님을 사랑하는지, 한 번쯤은 의심해야 한다. 성경에 광신자 아닌 사람 중에 쓰임 받은 자가 있었던가? 오히려 광신자가 아니면, 쓰임 받다가 버림받거나 스스로 타락하기도 했다. 아담도 광신자가 아니었고, 사울 왕도 광신자가 아니었고, 사도 유다도 광신자가 아니었다. 잘 쓰임 받다가 끝까지 잘 쓰임 받은 자들은 둘도 없는 '거룩하게 미친' 광신자였다.

'나의 지팡이'로 하나님의 일을 하는 사람

어떤 사람에게 매우 소중한 '자기 것'이 있다면, 사탄이 공격할 만한 표적이 있다는 말이기도 하다. 사탄은 그 사람의 소중한 것을 쥐고 흔들어 그의 정신을 빼놓고, 그가 하나님께 집중하지 못하게 한다. 지팡이를 뺏기지 않으려고 시선을 하나님에게서 지팡이로 옮기는 사람마다 영적 소경이 되고, 그때부터 사탄의 주먹세례가 빗발치게 쏟아진다. 아무리 영·혼·육이 대단한 사람일지라도 소경이 되면 삼손처럼 사탄의 노리개로 전락한다.

반대로 어떤 사람에게 매우 소중한 '자기 것'이 없다면, 즉 자기를 비운 사람일수록 사탄이 공격할만한 표적을 찾을 수 없다는 말이다. 사탄은 그에게서 공격 포인트를 찾기 힘들기에 그는 사탄의 공격에 효과적으로 방어할 수 있게 된다. 전쟁할 때 '자기 지팡이'는 짐이 되고, '하나님의 지팡이'는 무기가 된다. 그러므로 사랑하는 자기 지팡이를 주렁주렁 몸에 걸고 있는 사람일수록 영적 전쟁에서 불리하고, 자기 지팡이가 없는 사람일수록 영적 전쟁에서 유리한 고지를 점령할 수 있다.

성령의 9가지 열매 중에서, 9번째는 절제의 열매다. 일부 크리스천이 본인에게는 절제 열매가 없는 '앙상한 절제 나무'가 되어 버렸다. 본인을 위해서는 집, 자동차, 옷, 구두, 가방, 화장품 등 모든 것을 이왕이면 더 비싼 것으로 사고 싶어 한다. 반대로 하나님과 교회, 담임 목사, 이웃에게는 절제 열매가 주렁주렁 달린 '풍성한 절제 나무'가 되어 이왕이면 싸고 작은 것을 드리려 한다. 어찌 그리들 절제를 잘하는지 안타까운 마음이 들 때가 있다.

우리는 종종 자기를 위해서 쓸 때는 '감성적인 사람'이 되고, 하나님을 위해 쓸 때는 매우 '이성적인 사람'이 된다. 하지만 '자신에게는 절제를, 하나님께는 드림을' 실천해야 한다. 그것이 올바른 성도의 모습이다. 혹시 우리에게 이런 모습이 있진 않은가? 자기가 쓸 것은 큰돈을 쓰고도, 기분 좋게 "나, 오늘 질렀어!"라고 하면서, 주님께 드리는 것은 시원하고 크게 한 번 질러보지 못하고 주저하는 모습 말이다.

'하나님의 것으로 하나님을 섬기는' 1류 그룹과 '나의 것으로 하나님을 섬기는' 2류 그룹은 얼핏 보면 비슷해 보인다. 두 그룹 모두 하나님과 교회, 목회자를 사랑하고, 교회를 위해 뜨겁게 헌신한다. 그러나 겉으로 드러나는 '섬김의 외모'는 같을지라도, 내면에 숨겨진 '섬김의 중심'은 다르다. 그리하여 사람의 눈에는 두 그룹이 같아 보이지만, 중심을 보시는 하나님의 눈에는 두 그룹이 천양지차로 달라 보인다.

여호와께서 사무엘에게 이르시되 그의 용모와 키를 보지 말라 내가 이미 그를 버렸노라 내가 보는 것은 사람과 같지 아니하니 사람은 '외모'를 보거니와 나 여호와는 '중심'을 보느니라 하시더라(삼상 16:7)

날씨가 맑았다가 흐려지고, 흐렸다가 맑아지듯이 모든 사람은 기분이 좋을 때와 나쁠 때가 있다. 끊임없이 이 둘이 교차하며 반복한다. 업 앤 다운Up and Down이 없는 사람은 없다. 육체적으로 컨디션이 좋을 때와 안 좋을 때가 있는데, 컨디션이 오랫동안 안 좋으면 슬럼프Slump라 한다. 혼적으로도 밝을 때와 어두울 때가 있는데, 어두움이 오래가면 우울증이나 조울증이 온다. 영적으로도 강할 때와 약할 때가 있어 예배와 기도가 잘 드려질 때가 있고, 은혜를 못 받을 때가 있다.

영적으로나 혼적으로 좋을 때는 '하나님의 지팡이 그룹'인 1류 그룹과 '목자의 지팡이 그룹'인 2류 그룹이 똑같아 보인다. 더 드리지 못해 안달 난 것처럼 교회와 구역, 목사님을 섬기는 데 열심이다. 그러나 두 그룹 모두 사람이기에 영적, 혼적으로 나쁠 때가 반드시 오는데, 이때 두 그룹 간에 큰 차이가 나타난다.

'하나님의 지팡이 그룹'은 '내 것이 아닌 하나님의 것이니 당연히 드려야지!'라며 시간과 건강, 물질, 재능을 묵묵히 하나님을 위해 사용한다. 그러나 '목자의 지팡이 그룹'은 목사님과 구역장에게 서운하거나, 스스로 괜히 시험에 들거나 혹은 영적 침체기가 오면, 전혀 다른 사람으로 돌변한다. 그렇게 좋던 사람이, 그렇게 이상한 사람이 된다. 갑자기 차가워지고 인색해진다.

목사님이 "집사님, 혹시 교회에서 집사님의 지팡이 좀 쓸 수 있어요?" 하고 물으면, "그럼요~ 당연히 하나님을 위해 사용해야지요!" 했던 사람이었는데, 이제는 "이 지팡이 제 것인데, 왜요?"하며 지팡이를 뒤로 숨긴다. "아휴~ 교회에서 급히 필요해서 그래요. 잠깐 줘 봐요." 하고 손을 뻗으면, 그 지팡이를 들어서 목자인 목사님을 마구 때린다. 우습게 표현했지만, 사실이다. 목사님과 마찰이 있는 부사역자, 장로, 권사, 집사, 평신도가 많은 경우 이에 해당한다. 목사님에게 은근히 불만이 있거나, 섭섭하다고 대놓고 불순종하지는 않아도 은근히 순종하기 싫어서 겉도는 성도들 모두가 이런 부류다. 예전에는 목사님이 "메주로 콩을 쑨다!", "내일 해가 서쪽에서 뜬다!" 해도 "아멘! 믿습니다!" 할 사람이었고, 목사님이 "교회에 무엇이 필요하다!"고 하면 자기 것은 물론이요, 없으면 빌려 와서라도 드렸던 사람이었다. 그런데 그가 돌변했다.

'섭섭이'가 들어와서 그렇다. 자기 지팡이로 하나님을 섬기면 내가 뭔가 해 드린 것 같은 기분이 들어 뿌듯하고, 타인의 칭찬에 어깨가 으쓱한다. 이 달콤한 '칭찬 사탕'을 먹으면, 누구나 그 사탕에 입맛이 길든다. 그리고 하나님께 무얼 해 드릴 때마다, 본인도 모르는 무의식 세계에서 더 강한 사탕을 요구한다. 의식 세계에서는 선을 행함이 동기가 되고, 무의식 세계에서는 더 강한 사탕이 동기가 되어, 하나님께 점점 더 헌신의 강도를 높인다. 사람들이 두 발로 선 아기에게 박수를 보내는 것처럼, 성도들은 초신자의 작은 헌신에도 큰 박수를 보내며 칭찬한다. 모두가 기뻐하는 그때, 사탕을 먹는 그에게 슬그머니 '섭섭이'가 들어온다.

한동안은 목사님과 성도들이 칭찬해 줄 수 있다. 하지만 그들도 칭찬하는 것을 잊을 때가 있다. 가장 흔한 경우로 그 사람보다 더 나중에 들어온 초신자가 생길 때나 그 사람만 헌신하는 것이 아니라 모두 함께 힘을 모아 일했을 때가 있다. 이때 은밀히 들어왔던 '섭섭이'가 강하게 드러난다. 이 '섭섭 마귀'가 얼마나 강한지, 한 번 심보가 꼬부라지면 목사님도 펼 수가 없다. 최고의 축사 전문가가 와도 별수 없다. '섭섭 마귀'를 축사로 쫓기 힘든 이유는 '목자의 지팡이' 그룹이 '사탕'을 간절히 원하기 때문이다.

'칭찬 사탕'은 마약보다 강하다. 한 번 사탕에 입맛이 들면, 점점 강한 사탕을 먹지 않고는 견딜 수 없다. 어른 체면에 "칭찬 사탕'을 주지 않아서 삐졌다!"고 말할 순 없지 않은가?

"제발 저를 칭찬해 주세요! 견딜 수가 없어요! 꼭 저번보다 더 크게 칭찬해 주셔야 해요! 더 많은 사람 앞에서, 더 좋은 말로요! 제발 부탁이에요! 곧 시험 들어 넘어질 것 같아요!"

차마 이럴 수는 없으니 온갖 방식으로 교회, 목사님, 리더에게 트집을 잡아서 불평을 쏟아내고 섭섭함을 드러낸다. 그러면 교회는 비상 사이렌이 울리고, 목사님과 구역장들이 달라붙어 '목자의 지팡이'를 잡고 있는 그의 입에 아주 굵은 사탕을 넣어준다. 그러면 그는 입안에 큰 사탕을 한가득 물고 행복해진다. 입안에서 사탕을 이리저리 굴리며 천천히 녹여 먹는다. 즉 칭찬을 이렇게 저렇게 묵상하며 기뻐하면서 교회에 큰 헌신을 한 자신을 대견해하고, 하나님께 감사해 한다. 그리고 사탕이 다 녹아 없어지면, 더 큰 사탕을 받기 위하여 더 큰 헌신을 기획하고 제작한다. 결국에는 본인보다 직분이 높은 성도, 본인보다 목사님께 더 가까이 있는 성도들을 시기하고 질투하기에 이른다. 그리고 교회는 '목자의 지팡이 그룹'에게 더 큰 직분을 줄 수 없는 상황, 혹은 더 큰 칭찬 사탕을 구하지 못하는 아찔한 상황을 직면한다. 지금까지 많은 시간과 재정, 헌신을 쏟아 부은 교회였지만, 더 큰 사탕을 주지 않는 교회에서 신앙생활 하는 것은 섭섭이에게 고역이다. 결국 그는 교회를 난장판으로 만들고 떠난다. 떠나기 전에 섭섭이는 목사님과 사모님, 구역장의 마음에 지워지지 않을 크고 작은 상처를 새기는 것을 잊지 않는다. 그리고 그 자리는 또 다른 섭섭이가 채우며, 인간적인 헌신을 한다. 다행히 교회는 산통을 겪으면서도 어찌어찌 굴러가지만, 성도들에게는 씁쓸하고 아린 기억들만 남는다.

그렇다면 사탕 중독에 빠질 가능성이 가장 큰 사람들은 누구일까? 유감스럽게도 교회에서 오래 터를 잡고 봉사에 뼈가 굵은 터줏대감들이다. 굳이 예를 들자면 오래된 장로님, 권사님 같은 분들이다. 물론 일반적으로 사탕을 별로 원하지 않는 귀한 직분자들도 교회에 많다. 부교역자들은 월급을 받고 일하는 사람이라 담임 목사는 부교역자가 잘하면 보너스를 주고, 못하면 혼을 내면 된다. 그러나 장로님들, 권사님들은 월급 받고 일하는 사람이 아니다. 담임 목사는 그들이 잘하면 칭찬은 하지만, 못한다고 혼을 낼 수는 없다. 그러나 칭찬을 할 거면 혼도 내야 한다. 만약 혼내지 못할 거라면 칭찬도 해선 안 된다.

이 시대는 목사의 권위가 무너지고, 장로와 권사의 기세는 등등해진, 사탕은 주어도 감히 회초리를 들지는 못하는 시대가 되었다. 심지어 사탕도 껍질까지 까서 드려야 목사가 오래 살아남는다. 만약 회초리를 들라치면, '목자의 지팡이 그룹'은 손에 있는 지팡이로 목사를 때려서 교회 밖으로 쫓아내기도 한다. 이런 이유로 사탕은 먹지만 채찍에 맞아보지 못한 직분자들이 영적 당뇨병에 걸린다. 이래서 목회가 힘든 것일까? 많은 목회자가 이것도 목회의 일부분이라며 체념하듯이 받아들이는 것 같다.

이런 섭섭 마귀를 쫓아내는 방법이 하나 있다. 이 마귀의 숨통을 아예 끊어 버리는 것이다. 섭섭할 용기가 나지 않도록 섭섭이를 절대 용납하지 않는 교회 분위기를 만들어야 한다.

지혜롭게 다른 방법을 사용하면 된다. 그러면 성도들은 사탕 없이도 즐겁게 일한다. 누구에게도 사탕을 주지 않는 것이다. 그러면 하나님을 순수하게 사랑하여 모든 소유권을 하나님께 드린 '하나님의 지팡이'를 잡은 성도만 헌신하고, 자기 지팡이로 하나님을 섬기는 성도는 한두 번 헌신하다가 '칭찬 사탕 없는 헌신'을 그만둔다. 한 명이 아쉬운 목회 현실에서 '목자의 지팡이 그룹'의 헌신을 잃어버리는 것이 분명 아쉽겠지만, 훗날 '목자의 지팡이 그룹'에 실컷 휘둘리다가 그들이 여기저기 싸고 버린 오물을 치우느라 쫓아다닐 것에 비하면 훨씬 잘한 일이다. 오물은 싸고 버리는 사람만 시원할 뿐 치우는 사람은 미칠 지경이다. 설령 다 치웠다 하더라도 교회 안에 고약한 냄새가 진동하지 않는가! 너무 센 표현처럼 들릴지 모르겠지만 그만큼 경각심을 가지라는 뜻에서 하는 말이다.

'하나님의 지팡이 그룹'은 사탕을 주지 않아도 기쁘게 헌신한다. 목사나 구역장이 바빠서 혹은 깜빡해서 사탕을 못 챙겨주어도 불만이 없다. 아래와 같은 믿음으로 교회를 섬기면, 평생 섭섭할 일이 없다.

〈'섭섭이'를 이기는 믿음〉
1. 하나님께서 나에게 지팡이를 주셨다.
2. 나는 그것을 하나님께 영원히 드렸다.
3. 나는 그것을 하나님께 '잠시' 빌렸다.
4. 나는 하나님께 빌린 '하나님의 지팡이'로 하나님을 위해 일한다.

그들은 평생 아무도 알아주지 않아도 섭섭하지 않고 감사해

한다. 차라리 아무도 알아주지 않을 때 더 기뻐한다. 아무도 안 알아줄수록 마음이 편하다. 사탕 때문에 헌신한 것이 아니었던 만큼, 혹여 누가 알아주기라도 하면 이상하게 마음이 불편하다. 우리 모두 나의 지팡이를 버리고, 하나님의 지팡이를 잡자!

'자기 지팡이'를 잡은 자마다 부르심에 실패한다.

'목자의 지팡이'와 '하나님의 지팡이'는 공통점이 있다. 첫째, 두 지팡이의 겉모습이 똑같다. 두 지팡이 모두 내 안에 담겨있는 재능, 열정, 인맥, 재정, 시간 같은 것들이다. 둘째, 두 지팡이 모두 하나님을 위해 사용한다. 그래서 많은 성도가 두 지팡이의 차이점을 구분하지 못한다. 그러나 그것을 깨닫는 자마다 자기 지팡이를 가지고 하나님을 섬기는 '자기 의'에서 벗어날 수 있으니 얼마나 감사한 일인가!

'목자의 지팡이'는 소유권이 나에게 있고, 용도는 나의 인생과 꿈을 위한 것이다. 그것으로 나의 꿈은 이룰 수 있을지 몰라도, 하나님께서 나에게 주신 위대하고 거룩한 부르심은 이룰 수 없다. 유한한 역사를 일으키는 '목자의 지팡이'와 무한한 역사를 일으키는 '하나님의 지팡이'는 겉으로 보기에는 똑같은 지팡이지만, 능력은 천지 차이다.

사람이 아무리 큰 꿈을 꾼들, 부르심보다 크고 위대한 꿈은 없다. 그러므로 어리석은 자는 '꿈'을 잡고, 지혜로운 자는 '부르심'을 잡는다. 그런데 하나님께서 주신 부르심을 이루려면 하나님의 지팡이가 절대적으로 필요하다. 하나님의 꿈은 하나님의 지팡이로만 성취할 수 있기 때문이다. 그러니 자기 지팡이를 잡은 사람마다 부르심에 실패한다. 하나님을 사랑하는 성도, 하나님께 헌신하는 성도, 하나님 나라를 확장하려고 큰 사업을 일으키는 성도, 하나님 나라를 위해 목사나 선교사의 길을 걷는 성도처럼 뭔가 열심히 하는 귀한 분들이 참 많다. 그런데도 부르심을 성취하는 성도는 적다. 매우 적다. '자기 지팡이'를 잡은 성도의 대다수가 부르심에 실패하고, 극소수가 부르심을 성취한다. '하나님의 지팡이'를 잡은 성도의 극소수만이 부르심에 실패하고, 대다수가 부르심을 성취한다. 자기 지팡이를 잡은 수많은 성도가 화들짝 놀라게 될 대목이지만, 하나님 나라의 진리는 이것이다.

성경은 부르심을 온전히 이룬 성도의 태도를 보여준다. 모든 성도의 완벽한 모델이신 예수님은 떠나시기 전에 "다 이루었다!"고 선언하셨다.

> 예수께서 신 포도주를 받으신 후에 이르시되 **'다 이루었다'** 하시고 머리를 숙이니 영혼이 떠나가시니라(요 19:30)

모든 크리스천이 존경해 마지않는 사도 바울은 부르심을 다 성취했을 뿐만 아니라, 준비된 의의 면류관을 천국에서 받겠다고 당당히 고백했다. 부르심을 완수했다고 선언할 수 있는 배짱과 자신감은 '하나님의 지팡이'를 잡고 부지런히 달린 사람만 가능하다.

전제와 같이 내가 벌써 부어지고 나의 떠날 시각이 가까웠도다 '나는 선한 싸움을 싸우고 나의 달려갈 길을 마치고 믿음을 지켰으니' 이제 후로는 '나를 위하여 의의 면류관이 예비되었으므로' 주 곧 의로우신 재판장이 그 날에 내게 주실 것이며 내게만 아니라 주의 나타나심을 사모하는 모든 자에게도니라(딤후 4:6-8)

'자기 지팡이'를 잡은 사람들의 착각

뜨거운 성도 중 소수만이 '하나님의 지팡이'를 잡고 하나님을 섬긴다. 이들은 '1군'이다. 뜨거운 성도들의 절대다수가 '자기 지팡이'를 잡고 하나님을 섬긴다. 이들은 '2군'이다. 이런 사람들은 아무리 대단한 역사를 이루었다 하더라도, 부르심의 영역에서는 실패할 가능성이 매우 높다.

자신을 '1군'이라 착각하는 '2군'도 많다. 그들은 하나님께 많이 헌신했기 때문에, 헌금했기 때문에, 인생을 드리겠다고 약속하며 다짐했기 때문에, 그리고 자기의 것을 아낌없이 하나님을 위해 사용하고 있기 때문에, 자신을 '1군'이라 착각한다. 그런데 놀라운 것은 인생 전부를 드리겠다고 결단한 목회자, 선교사 중에도 '1군'이라 착각하는 '2군'이 상당히 많다는 사실이다.

'나의 모든 것을 하나님을 위해 사용하는 2군'과 '나의 모든 것을 하나님께 드린 1군'은 헌신하는 과정은 비슷한 것 같지만, 헌신의 결과는 천지 차이다. 전자는 자기 자신을 포함한 모든 것이 여전히 자기의 것이다. 후자는 자기 자신을 포함한 모든 것이 하나님의 것이기 때문에, 자기 것이 아무것도 없는 무시무시한 사람이다. 2군은 자기의 모든 것을 하나님을 위해 사용하기 때문에, 본인이 자기의 모든 것을 하나님께 드린 것이라고 착각한다. 그래서 많은 '2군'이 순수하고 뜨거운 마음으로 위대하고 영광스러운 '일'에 뛰어들지만, 위대하고 영광스러운 '인생'을 살지는 못한다.

그리고 '1군'과 '2군'을 오가는 사람들, 즉 '자기 지팡이'를 '잡았다놓았다'를 반복하는 어설픈 '1.5군'도 상당히 많다. 본인이 '2군'이라는 것을 알면 '1군'이 될 가능성이 있다. 그러나 본인이 '1군'이라는 착각이 클수록 '1군'이 되기 힘들다. 스스로 '1군'이라 굳게 믿고 있기에, 누구도 그를 교정해 주기 힘들다. 어떤 용감한 사람이 '1군이라 착각하는 2군'에게 "당신은 2군이다!"라고 말하면, 그는 분명 이렇게 발끈할 테다.

"내가 얼마나 헌신하고 있는데?"

"내가 얼마나 헌금하고 있는데?"

"우리 집안이 3대째 예수 믿는데?"

"내가 장로인데? 권사인데? 목사인데? 선교사인데?"

'자기 지팡이'와 '하나님의 지팡이'는 역사와 열매에서 확연한 차이가 난다. '1군처럼 보이는 2군'들이 놀라운 기적을 일으킨다는 이유로, 큰 재정을 일구었다는 이유로, 큰 사역을 이끌고 있다는 이유로 '1군'이라 단언할 수는 없다. 역사와 능력은 일류인데, 열매와 성품이 삼류인 경우가 허다하기 때문이다.

그러나 하나님의 지팡이를 잡고 진짜 '1군', 1류가 되면 그는 도저히 할 수 없었던 일들을 쉽게 쉽게 해내며, 상상할 수 없는 열매가 그를 뒤따른다. 하나님의 지팡이를 잡은 자들은 남들이 10년, 20년, 30년이나 걸려야 할 것을 불과 수년 만에 가뿐히 해낸다. 그들에겐 그런 이적과 기적이 따른다. '목자의 지팡이'를 버리고, 목숨을 내놓으며 '뱀 꼬리'를 잡았기 때문이다. 그리고 자신의 모든 것을 버리고 '하나님의 지팡이'를 잡았기 때문이다.

'나비 효과'라는 이론이 있다.
미국의 수학자이자 기상학자인
에드워드 N. 로렌츠Edward Norton Lorentz, 1917~2008가 처음 발표한 것으로,
훗날 카오스 이론Chaos theory으로 발전하게 된다.
중국 북경에서 나비 한 마리의 날갯짓 같은 작은 변화가
대기에 영향을 주고, 그 영향은 시간이 갈수록 증폭되어
미국 뉴욕을 강타하는 허리케인 같은 결과를 가져온다는 이론이다.

작은 변화가 큰 변화를 가져온다.
어떤 한 사건은 그 사건 그대로 가만히 존재하지 않고,
반드시 다른 것에 영향을 준다.
나쁜 영향은 더 큰 나쁜 영향을 일으키고,
좋은 영향은 더 큰 좋은 영향을 일으킨다.
이것은 영적인 세계에도 해당한다.

누군가가 부르심을 붙잡으면, 다른 사람도 부르심을 붙잡는다.
누군가가 '부르심의 지팡이'를 붙잡으면,
다른 사람도 '부르심의 지팡이'를 잡는다.

이것을 영적 나비효과Spiritual Butterfly Effect
또는, 지팡이 효과Staff Effect라 한다.

4장

하나님의 지팡이를 잡으면 달라진다

나도 없고, 내 것도 없는 사람

모세는 손에 들린 지팡이의 주인을 하나님으로 인식했다. 모세가 광야에서 애굽으로 올 때, 재산이라고는 지팡이 하나밖에 없었다. 그런데 그 지팡이도 역시, 모세의 것이 아니었다. 얼핏 보기에 '모세는 있지만, 모세의 것은 없는' 희한한 상황이다. 그러나 자기의 모든 것을 하나님께 드린 모세 역시, 모세의 것이 아니다.

"나도 없고, 내 것도 없다!"

모세는 '모세도 없고, 모세의 것도 없는' 놀라운 경지에 이르렀다. '나도 없고, 내 것도 없는' 이런 사람이야말로 정말 무시무시한 사람이다. 목숨도 자기 것으로 생각하지 않는 이런 사람은 죽음도 두려워하지 않는다. 이런 사람은 죽음도 두려워하지 않을 뿐 아니라, 죽어도 상관없다고 말한다.

"하나님 나라를 위해, 나는 당장 죽어도 상관없다!"

이렇게 말할 수 있는 사람이 진짜 하나님의 종이다. 목사라서 하나님의 종이 아니고, '나도 없고, 내 것도 없는' 사람이 진정한 하나님의 종이다. 자신이 모든 것을 비운 후에 하나님의 깊숙한 곳에 머물러 있다는 것을 정확히 인식하고 있는 모세야말로 세상에서 가장 강한 사람이었다. 우리는 이것을 추구해야 한다.

'내 것도 없는'부터 훈련해야, '나도 없는'으로 나아갈 수 있다.

'내 것도 없는'은 내가 별로 소중히 여기지 않는 것에서부터 시작해서 내가 소중히 여기는 것으로 훈련의 단계를 높일 수 있다.

나는 이것저것 어지간한 것들은 잘 주는 편이다. 그리고 어느 순간부터는 내가 소중히 여기는 것들을 사람들에게 주기 시작했다. 옷, 구두, 향수, 손목시계, 노트북 순서로 더 비싸고 귀하고 사랑하는 것을 주기 시작했다. 말로만 비움을 떠들지 않고, 내 소유를 6개월을 넘기지 않고 누군가에게 줘 버렸다.

나는 내 소유의 것을 '잠시 ○○○을 임대 중'이라고 생각한다. 마치 지하철역에 있는 '임시 보관함'이 주인이 올 때까지 기다렸다가 주인이 문을 열면 즉시 돌려주는 것처럼, 내가 주인을 위해 잠시 보관하는 중이라고 생각한다. 때문에 주인이 나타나길 간절히 기다린다. 그래서 어떤 사람이 내 시계를 탐내면 '아! 이 사람이 주인이었구나!'하고 즉시 그에게 돌려(?)준다. 주인이 빨리 나타나지 않으면, '왜 주인이 빨리 나타나지 않을까?', '아~ 남의 것을 오래 쓰고 있으니, 매우 불편하구나!'라고 생각한다. 한국에서 시계를 사서, 필리핀에서 주인을 만나면 건네준다. 그래서 지금까지 꽤 많은 시계를 샀고, 꽤 많은 시계를 건네주었다. 이렇게 내가 산 것은 반드시 남에게 준다.

반대로 남에게 줄 수 없는 물건은 절대 사지 않는다. 시계를 사는 목적은 시계가 없는 필리핀 목사에게 시계를 주기 위해서

다. 시계뿐만 아니라, 다른 물건도 마찬가지다. 가끔 비싼 것을 사곤 하는데 그것은 나를 위한 것이 아니라, 오랜만에 어떤 사람에게 좋은 것을 선물해 주고 싶어서다.

모든 크리스천은 '청지기'다. 자기 것을 관리하는 사람을 청지기라 하지 않고, 주인의 것을 관리하는 사람을 청지기라 한다. 그러므로 크리스천은 물건을 소유하는 사람이 아니라, 물건을 잠시 관리하고 있는 사람이다. 주인에게 돌려주지 못하는 사람은 청지기가 아니다. 청지기에 대해 이렇게 구체적으로 묵상하면 대부분의 크리스천이 말로만 청지기라고 떠들 뿐, 진짜 청지기는 매우 희귀하다는 사실을 알게 된다. 하나님께서 모든 크리스천을 사랑하시지만, 믿고 맡길 만한 청지기는 찾기가 어려운 것이 현실이다. 요셉 시대에도 중동 온 땅을 뒤져서 찾은 청지기가 가나안 땅에 야곱, 애굽 땅에 요셉뿐이었다. 지금도 우리 하나님은 애가 타신다. 하나님 나라를 제한 없이 맡기고 싶은 청지기가 없기 때문이다. 그 하나님의 마음을 우리가 느껴야 한다.

모세의 위대한 변화

애굽으로 돌아간 모세는 출애굽을 시도한다. 말썽 많은 백성을 데리고 우여곡절 끝에 애굽을 탈출했건만, 얼마 가지 못해 애굽 군대에게 추격을 당한다. 평생 노예로 사느라 전쟁 경험이 전혀 없는 백성은 "모세를 죽이고, 애굽으로 돌아가자!"고 난리 법석이다. 대장을 죽이고 항복하자고 할 만큼, 그들은 천하에 둘도 없는 오합지졸이었다.

그래도 하나님의 동풍 덕분에 마른 땅을 밟으며 홍해를 건넜고, 애굽 군대는 홍해에서 수장되어 한 시름을 놓았다. 그리고 미디안 광야에 들어갔는데, 전쟁이 터졌다. 이제는 피할 수도 없는 전쟁이다. 저쪽에서 아말렉이 진영을 갖추었으니, 이쪽에서도 누군가가 나서서 전쟁을 이끌어야 했다. 그런데 아무도 전쟁 경험이 없다. 당연히 전쟁을 지휘했던 경험자도 없었다.

애굽에서 다른 직업을 가졌던 사람은 한 명도 없었다. 무기를 만들지도, 다루지도, 무기로 누군가를 죽여본 적도 없는 사람들이다. 평생 벽돌만 만들고, 쌓던 사람들이었다. 개인과 개인의 칼부림도 없었거니와, 많은 사람이 떼거리로 맞붙어 시체를 밟으며 살육의 피비린내 나는 전투와 전쟁은 구경해 본 적도 없었다. 그런데 저쪽은 내일 당장 이쪽으로 밀어붙일 태세다. 모두 노예 신분으로 출애굽 했으니, 마을 이장 같은 조그만 '직분'이라도 맡아본 사람이 없었고, 당연히 '조직'이란 것도 없다. 이들은 그저 거대한 집단 난민일 뿐이다. 직분이 있는 사람이라면 출애굽을 선동했던 모세뿐이다. 전쟁하려면 군대를 진두지휘할 지도자가 있어야 하고, 그러려면 사람을 지도해 본 적이 있는 모세가 적임자였다. 그러나 모세는 80세 노인이었다. 이때, 모세가 놀라운 말을 뱉는다.

> 모세가 '**여호수아**'에게 이르되 우리를 위하여 사람들을 택하여 나가서 아말렉과 싸우라 내일 내가 '**하나님의 지팡이**'를 손에 잡고 산 꼭대기에 서리라(출 17:9)

성경에서 '하나님의 지팡이'는 2번 등장한다. 첫 번째는 부르심을 붙잡고 애굽으로 향하는 모세를 하나님의 눈으로 성경이 묘사한 장면이다(출 4:20). 두 번째는 모세가 자기 입으로 직접 뱉은 말이다(출 17:9). 출애굽에 성공하여 가나안 입성을 지도하는 모세가 드디어 손에 잡은 지팡이를 '하나님의 지팡이'로 인식하고 있다는 것을 성경이 증명하고 있다. 하나님의 위엄과 등쌀에 못 이겨 억지로 부르심을 붙잡고 애굽으로 터벅터벅 돌아왔지만, 이제는 부르심을 적극적으로 그리고 주도적으로 성취하며 거친 광야를 질주하는 사람이 되었다.

목자의 지팡이를 잡고 광야에서 양이나 치던 초라한 늙은 노인은 이제 없다. 그는 하나님의 지팡이를 잡고, 광야에서 민족을 이끌며, 중동의 모든 민족을 공포의 도가니로 몰아넣은 역사의 창조자로 우뚝 섰다.

홀연히 등장한 여호수아

출애굽기 17장 9절은 매우 놀라운 구절이다. 모세가 처음으로 '하나님의 지팡이'를 언급했다. 동시에 처음으로 '여호수아'가 성경에 등장한 구절이다. 모세가 부르심을 붙잡으니, 여호수아가 불쑥 튀어나왔다. 그것도 대사 한 마디 없는 엑스트라처럼 역사의 변방에서 찌그러진 존재가 아니라, 순식간에 역사의 중심에 우뚝 선 최고의 장군으로 등장했다. 전쟁 지휘 경험은 고사하고, 전쟁에 참여한 경험조차도 없던 그였다. 그런 그가 어떻게 아간의 죄로 패배한 아이성 전투를 제외한 모든 전쟁에서 연전연승하는 최고의 장군이 될 수 있었을까?

모든 성공한 인물들이 수많은 패배와 실패, 실수, 좌절을 경험하면서 서서히 걸출한 인물로 성장한다. 반면 여호수아는 처음부터 패배와 실패, 실수, 좌절 같은 것은 전혀 상관없는, 마치 전쟁을 지휘하기 위해 태어난 존재 같았다.

그랬다! 당시 중동의 여러 민족이 누군가를 '전쟁의 신'으로 불렀다면, 그것은 분명 여호수아였을 것이다. 그도 그럴 것이 여호수아가 지휘했던 거의 모든 전쟁은 치고받고 싸우는 전쟁이라기보다는, 차라리 살육 혹은 대학살이라 불러도 무방할 정도로 일방적이었다. 여호수아는 모세가 승리를 원할 때마다 떡하니 등장하여, 모든 전쟁을 순식간에 승리로 이끌었던 중동 최고의 장수였으니 모세가 그의 부르심을 성취하는 데 있어서 여호수아는 절대적인 존재였다.

> 모세가 '**여호수아**'에게 이르되 우리를 위하여 사람들을 택하여 나가서 아말렉과 싸우라 내일 내가 '**하나님의 지팡이**'를 손에 잡고 산 꼭대기에 서리라(출 17:9)

이 구절은 부르심을 성취하는 비결을 가장 잘 설명한 구절 중 하나다. 모세에게 여호수아는 '있어도 없어도 그만'인 존재가 아니며, '없으면 아쉽고, 있으면 도움'이 되는 정도의 존재도 아니다. 모세가 '하나님의 지팡이'를 처음 선언한 구절에서, 최고 조력자 중의 한 사람인 여호수아가 등장한 것은 절대 우연이 아니다. 정들었던 '목자의 지팡이'를 버리고 '하나님의 지팡이'를 잡고, 부르심을 성취하려고 질주하는 모든 사람에게는 이런 기적이 따른다. 여호수아 같은 최고 동역자, 조력자, 후원자, 지지자들이 '우후죽순(雨後竹筍)'으로 등장하는 기적 말이다.

모세의 부르심은 2가지로 나눌 수 있다. 첫째, 애굽에서 탈출하는 '출애굽'과 둘째, 약속의 땅으로 들어가는 '가나안 입성'이다. 하나님은 모세에게 2가지를 명령하셨는데, 모세는 본인의 주도하에 '출애굽'만 성공했다. '가나안'에는 발 한 번도 집어 넣지도 못하고, 인생의 종착역에 도달했다.

내가 내려가서 '그들을 애굽인의 손에서 건져내고' 그들을 그 땅에서 인도하여 아름답고 광대한 땅, 젖과 꿀이 흐르는 땅 곧 가나안 족속, 헷 족속, 아모리 족속, 브리스 족속, 히위 족속, 여부스 족속의 '지방에 데려가려 하노라'(출 3:8)

모든 일은 끝이 아름다워야 한다. 그래서 사람들은 "유종의 미가 있어야 한다!"고 말한다. 처음이 휘황찬란하고 요란했을지라도, 끝이 나쁜 사람에게 "사람이 끝이 좋아야지"하며 혀를 끌끌 찬다. 시작이 좋아서 성공했다고 하지 않고, 끝이 좋아야 성공했다고 한다. 시작이 나빠서 실패했다고 하지 않는다. 처음과 중간이 대단해도 끝이 나쁘면 실패했다고 한다. 처음보다 끝이 중요한 것은 삼척동자도 아는데, 천지를 진동시켰던 모세가 가장 중요한 두 번째 사역에 실패했다.

모세는 사명을 50%만 감당했다. 애굽에서 탈출하기만 하면 뭐 하는가? 출애굽이 아무리 위대해도 가나안에 들어가지 못하는 출애굽은 아무 쓸데 없다. 백성의 불만처럼 공연히 애굽에서 나와서 광야에서 뼈를 묻는 황당한 에피소드로 모세의 인생이 막을 내리게 될 수도 있었다. 모세는 첫 사명보다 어쩌면 더 중요한 둘째 사명은 완수하지 못했지만, 여호수아가 등장하여 모세의 둘째 사명을 완수했다. 모세는 첫 사명에 40년을 쏟아 부었지만, 여호수아는 모세의 둘째 사명인 '가나안 정복'을 15년 만에 끝냈다. 그것도 모세의 첫 사명인 40년 광야 사역에도 깊숙이 동참하여, 누구보다 혁혁한 공을 세우고서도 말이다.

이스라엘 역사에 두 번 나오지 않을 최고의 명장인 여호수아는 모세가 손에 잡은 지팡이를 '하나님의 지팡이'로 인식하면서 등장했다. 모든 사람의 부르심은 너무 위대하여 그것을 혼자 이룰 수 있는 사람은 지구 역사상 단 1명도 없다. 그 누구도 혼자 설 수도, 승리할 수도, 이룰 수 없다. 반드시 주변에 동역자, 협력자, 조력자, 지지자가 있어야 한다.

한(漢)나라를 건설한 고조 유방도 그랬다. '힘은 산을 뽑고, 기상은 세상을 덮는다'는 '역발산기개세(力拔山氣蓋世)'의 항우에 맞서 유방은 '천신만고(千辛萬苦)' 끝에 영광의 승리자가 되어 천하를 통일할 수 있었다. 이는 유방의 꿈을 위하여 목숨이라도 아끼지 않고 던졌던 허다한 충신들이 주변에 있어서였다. 최일선에서 목숨 걸고 전쟁을 지휘했던 최고의 장수 '한신', 그 뒤에서 전략을 짰던 최고의 참모 '장량', 후방에서 부지런히 쌀과 군수품을 날랐던 최고의 충신 '소하', 이들 중 한 사람이라도 없었다면 과연 유방이 항우를 꺾고 중국을 통일할 수 있었을까?

여호수아를 깨운 건, 다름 아닌 모세

대업(大業)에는 많은 사람의 도움이 필요하다. 크고 위대한 일일수록, 유능한 사람들의 몸을 사리지 않는 적극적인 헌신이 필요하다. 우리의 부르심은 너무나 거대하고 위대하다. 어찌 이를 혼자 이룰 수 있단 말인가? 뾰족한 아이디어를 쏟아낼 지혜로운 현인, 많은 정보와 지식을 제공할 전문가, 때마다 크고 작은 재정을 지원하는 후원자, 이름도 빛도 없이 뒤에서 묵묵히 기도해주는 아름다운 중보자, 누구 하나 귀하지 않고 필요하지 않은 사람이 없다.

주변에 사람이 없다고 불평하는 자들이 많다. 아직도 그가 '목자의 지팡이'를 내려놓지 않아서다. 아직도 그가 '하나님의 지팡이'를 붙잡지 않아서다. 부르심에 온전히 반응하기 전까지는 나의 부르심을 이뤄줄 천재들이 등장하지 않는다. 당신이 '하나님의 지팡이'를 잡고 힘차게 하나님의 무대 위로 오를 때까지 그들은 역사의 무대 뒤에서 조용히 숨죽이며 기다린다. 얼마나 많은 위대한 조연이 자기 대본을 손에 쥔 채 당신의 등장을 숨죽이며 기다리고 있는 줄 아는가?

신기한 것은 여호수아의 홀연한 등장이다. 모세가 하나님의 지팡이를 붙잡기 전까지 여호수아는 어디에 있었을까? 여호수아는 백성 가운데 있었다. 모세를 따라가는 수백만 명의 노예 중의 한 사람이었다. 모든 백성이 평범한 노예였듯 여호수아도 지극히 평범한 노예였다. 여호수아는 개인적으로 칼을 잡고 누구와 혈투를 하거나 대규모 전쟁에 참여한 적도 없다. 노예 중에서 간부로 발탁되어 공사를 지휘한 적도 없고, 장군이 되어 전쟁을 지휘한 적도 없다. 전쟁에 대해서는 여타 수백만 명의 노예와 전혀 다를 바 없었다. 전쟁터는 찌르고 베고 죽이는 곳이다. 고함과 비명, 절규, 칼과 칼이 부딪치고, 칼과 방패가 부딪치는 소리가 뒤섞여 있다. 셀 수 없는 화살이 날아가고, 또 날아온다. 그런데 전쟁 경험이 전혀 없는 노예가 그 아수라장인 전쟁 통속에서 어떻게 갑자기 전쟁의 판세를 한 번에 읽는 눈이 생겼을까? 전쟁의 두려움에 떨고 있는 백성에게 사기를 불어넣어서, 두려움에 떨던 백성이 목숨 걸고 싸울 수 있게 했다. 그 담력과 능력, 지도력은 어떻게 갑자기 임할 수 있었을까?

'지팡이 효과'다. 모세가 '하나님의 지팡이'를 잡으니, 여호수아도 '뭔가'를 움켜쥐고 일어났다. 여호수아가 잡은 것은 '하나님의 칼'이었다. '하나님의 지팡이'를 잡은 모세에게 수백만 명을 인도하는 신적인 능력이 나타났듯이, 이처럼 '하나님의 칼'을 잡은 여호수아에게도 60만 대군을 자유자재로 부리는 놀랄 만한 능력이 나타나기 시작한 것이다.

'여호수아'가 '칼날'로 아말렉과 그 백성을 쳐서 무찌르니라(출 17:13)

'하나님의 칼'을 잡은 여호수아는 전혀 다른 사람이었다. '목자의 지팡이'와 그 지팡이를 잡은 '목자 모세'가 사라졌듯이, '막노동 연장'과 그 연장을 잡은 '노예 여호수아'도 사라졌다. 공사판에서 평생을 썩은 여호수아는 옆 사람과 수다를 떨면서도 망치질을 할 수 있었다. 눈 감고도 삽질을 하고, 100원짜리 동전도 곡괭이로 정확히 찍어낼 '프로 막노동꾼'이었다. 연장이 익숙할지언정 칼은 어색했던 그런 여호수아가 자기의 소중한 모든 것을 하나님 앞에 내려놓고 '하나님의 칼'을 움켜잡으니, 평생 전쟁터에서 칼을 휘둘렀던 군인들보다 더 능숙한 칼잡이가 되었다. 이것을 세상 말로는 '영적 나비효과'라 말하고, 성경적으로는 '지팡이 효과'라 말한다. ('지팡이 효과'는 내가 만든 신조어다.)

뭔가를 잡고 일어서기 시작한 사람들

여호수아만 칼을 잡고 일어선 것은 아니다. 산 밑에서 여호수아가 칼을 잡고 목숨 걸고 싸우는 동안 산 위에서 뭔가를 잡고 일어선 사람들이 있었다.

[9] '**모세**'가 여호수아에게 이르되 우리를 위하여 사람들을 택하여 나가서 아말렉과 싸우라 내일 내가 '**하나님의 지팡이**'를 손에 잡고 산

꼭대기에 서리라 [10] 여호수아가 모세의 말대로 행하여 아말렉과 싸우고 모세와 아론과 훌은 산 꼭대기에 올라가서 [11] 모세가 손을 들면 이스라엘이 이기고 손을 내리면 아말렉이 이기더니 [12] 모세의 팔이 피곤하매 그들이 돌을 가져다가 모세의 아래에 놓아 그가 그 위에 앉게 하고 '아론'과 '훌'이 한 사람은 이쪽에서, 한 사람은 저쪽에서 '모세의 손'을 붙들어 올렸더니 그 손이 해가 지도록 내려오지 아니한지라 [13] '여호수아'가 '칼날'로 아말렉과 그 백성을 쳐서 무찌르니라(출 17:9-13)

민족의 지도자 모세가 '하나님의 지팡이'를 잡았다. 군대 총사령관 여호수아도 '하나님의 칼'을 잡았다. 본인의 부르심을 정확히 인식한 모세는 지팡이를, 여호수아는 칼을 잡았다. 그러나 아직 마땅한 '직분'이 주어지지 않아서 정확한 부르심을 깨닫지 못한 사람들도 있었다. 손에 연장이나 무기 같은 뭔가를 잡을 수 없었던 '아론'과 '훌'은 '모세의 손'이라도 붙잡고 해가 떨어질 때까지 서 있었다. 모세가 하나님의 지팡이를 잡았다고 선언한 바로 그날, 산 밑에서 여호수아는 칼을 잡았고, 산 위에서 아론과 훌은 모세의 손을 잡았다. 모세는 더이상 혼자 뛰는 고독한 지도자가 아니었다.

많은 지도자가 주변에 사람이 없다고 탄식한다. 많은 지도자가 혼자 뛴다. 혼자 뛰는 지도자는 외롭다. 가족이 가장의 마음을 몰라줘서 섭섭하고, 부하 직원이 상사의 마음을 몰라줘서 섭섭하고, 성도들이 목사의 마음을 몰라줘서 섭섭하다. 그런데 한 번 '섭섭이'가 들어오면, 갈수록 섭섭이가 커진다. 나중에는 조그만 것도 섭섭하다. 섭섭한 이유를 표현하기에는 유치해서 차마 말 못 할 정도로 별것도 아닌 것으로 섭섭해진다. 부하가 지도자에게 섭섭하면, 조직이 흔들린다. 그러나 지도자가 부하에게 섭섭하기 시작하면, 조직이 우르르 무너진다.

섭섭한 지도자는 주변을 탓한다. 섭섭한 지도자일수록 '나의 지팡이와 하나님의 지팡이 중에 무엇을 잡고 있는지?'를 철저히 점검해야 한다. '지팡이 효과'로 작은 직분도 없었던 아론과 훌이 모세의 손을 온종일 붙잡은 것처럼, 목사가 하나님의 지팡이를 잡으면, 직분 없는 초신자들도 목사의 기도하는 손을 붙잡는 신실한 중보자가 된다. 아론과 훌이 모세와 함께 산 위에서 여호수아의 군대를 내려다보며 애태우고 기도한 것처럼, 평신도들이 목사님과 한마음으로 목회 현장을 내려다보며 애태우고 간절히 기도한다. 그리고 가까운 미래에 아론이 대제사장이 된 것처럼, 목사를 위해 기도한 평신도들이 교회의 요직에 들어가서 영혼을 불사르며 충성할 것이다.

'목자의 지팡이'를 잡은 지도자는 먹는 시간, 쉬는 시간, 잠자는 시간, 자기계발 시간까지 줄여가면서 혼자 모든 것을 감당하는 팔방미인이 되어야 한다. 본인은 성실하며 다양한 재능의 소유자지만, 정작 사업과 사역이 성장하지 않아 고민스럽다.

그러나 '하나님의 지팡이'를 잡은 지도자는 하나님을 독대할 시간, 생각할 시간, 자기계발 시간, 독서와 저술의 시간 등 점점 시간과 여유가 생긴다. 나와 내 부르심을 위해 동서남북에서 나를 호위하며, 목숨 걸고 함께 뛰는 사람들이 넘치기 때문이다. 물론 그들도 손에 '하나님의 뭔가'를 잡은, 신적인 능력으로 덧입혀진 능력자들이다.

가정의 가장, 기업의 총수, 기관의 리더, 교회의 목사, 국가의 통치권자 등 모든 지도자는 '하나님의 지팡이'를 잡아야 한다. 리더가 처음 하나님의 지팡이를 잡을 때는 무거운 지팡이를 잡고 이리저리 오가며 진두지휘하느라 피곤하다. 그러나 서서히 '하나님의 뭔가'를 잡고 일어서는 사람들이 일어나면서, 리더는 조직 전체를 바라보며 조직의 과거, 현재, 미래를 앉아서 생각하고 깊이 고민하며 작전을 짜는 시간이 점점 늘어나게 된다. 리더가 하나님의 지팡이를 잡으면, 뛰는 지도자 Running Leader에서 생각하는 지도자 Thinking Leader로 승격하고 조직은 엄청난 도약을 경험한다.

나 역시 마찬가지다. 복잡한 교회 사무실을 벗어나 조용한 커피숍에 차분히 앉아서 이 글을 쓰는 이 순간, 이번 주에도 빈민가에 교회가 개척되었다는 소식을 받았다. 무어라 표현할 수 없을 정도로 하나님께 감사하다. 동시에 여전히 어려움 가운데 있는 지교회들과 사역자들을 생각하며 많은 고민에 젖는다. 나는 여전히 바쁜 선교사다. 그러나 항상 시간에 쫓겼던 예전에 비하면 지금은 독서도 하고 저술도 할 정도로 약간의 여유가 생겼다.

애굽을 탈출한 수백만의 노예에게 최대 위기가 왔다. 1명이 지팡이를 잡으니, 3명이 뭔가를 손에 잡았다. 그리고 단숨에 위기를 극복했다. 4명이 각각 손에 다른 것을 잡았지만, 이것을 한 장면의 그림으로 담을 수 있다. 절대 우연이 아니다. 모든 것을 잃어버리고 세상 사람들에게 잊힌 고령의 노인이 부르심에 눈을 뜬 후에, 어떻게 초특급 팀을 순식간에 꾸려서 위기를 극복하며 부르심을 성취하는지, 성경은 한 장면으로 보여주고 있다.

1명이 부르심에 눈을 뜨니, 3명이 부르심에 눈을 떴다. 1명이 뭔가를 잡으니, 3명도 뭔가를 잡았다. 그리고 엄청난 팀이 되었다. 아론, 훌, 여호수아는 모세가 하나님의 지팡이를 잡기까지, 역사의 무대 뒤에서 조용히 기다린 '초특급 조연들'이다. 목자 모세가 '하나님의 지팡이'를 잡은 자신이 얼마나 대단한 인물이 될지 몰랐듯이, 노예 아론과 훌, 여호수아 역시 '하나님의 무엇'을 잡은 그들이 그렇게까지 대단한 인물이 될 줄은 정말 몰랐다.

이때 아론은 그의 부르심에 반쯤 눈 뜬 사람이었다. 훗날 아론은 그의 부르심에 완전히 눈을 뜬 사람이 되어, 이스라엘의 첫 대제사장이 되었다. 그리고 그는 '살구 꽃'과 '살구 열매'가 열린

'신비의 지팡이'를 손에 잡고, 숨이 끊어지는 순간까지 대제사장 직을 충실히 감당했다. 그가 죽은 후, 그가 잡았던 '대제사장의 지팡이'는 하나님의 법궤가 모셔진 지성소에 보관된다.

> 이튿날 모세가 증거의 장막에 들어가 본즉 레위 집을 위하여 낸 '아론의 지팡이'에 '움'이 돋고 '순'이 나고 '꽃'이 피어서 '살구 열매'가 열렸더라(민 17:8)

한 명만 부르심에 눈을 떠도 강력한 '지팡이 효과'는 연쇄적으로 일어난다. 여호수아처럼 단번에 부르심을 깨닫고 '하나님의 칼'을 잡은 사람도 있지만, 아론처럼 차례로 부르심을 깨달아 처음에는 '모세의 손'을 잡다가 나중에는 '대제사장의 지팡이'를 잡는 사람도 있다. 주변에 부르심을 깨닫지 못한 사람이 있는가? 주변에 부르심을 반쯤 깨닫거나 어설프게 깨달은 사람이 있는가? 부르심을 깨닫지 못한 사람들 때문에 답답하고 안타까운가? '지팡이 효과'를 잊지 말자. 내가 먼저 부르심을 깨달아야 한다.

그대여, 하나님의 지팡이를 잡아라!

'하나님의 무엇'을 잡고 일어선 '강력한 군대'

1명, 그 후에 3명이 뒤따라 뭔가를 잡고 일어섰다. 이것은 하루에 일어난 일이다. 그러면 그 뒤에는 무슨 일이 일어났을까? 몇명이 '하나님의 무엇'을 잡고 일어났을까? 5명? 10명? 100명? 천만에! 놀라지 마시라!

어느 날, 강간 사건이 일어났다. 히위족속의 추장인 세겜이 야곱과 레아 사이에서 태어난 딸 디나를 욕보였다. 세겜은 디나를 사랑하여 결혼을 원했으나, 디나의 오빠들은 세겜의 모든 남자가 먼저 할례를 받아야 한다고 주장했다.

[1] 레아가 야곱에게 낳은 딸 '디나'가 그 땅의 딸들을 보러 나갔더니 [2] 히위 족속 중 하몰의 아들 그 땅의 **추장 세겜**이 그를 보고 끌어들여 '**강간하여 욕되게 하고**' [3] 그 마음이 깊이 야곱의 딸 디나에게 연연하며 그 소녀를 사랑하여 그의 마음을 말로 위로하고 (창 34:1-3)

[15] 그런즉 이같이 하면 너희에게 허락하리라 만일 너희 중 남자가 다 할례를 받고 우리 같이 되면 [16] 우리 딸을 너희에게 주며 너희 딸을 우리가 데려오며 너희와 함께 거주하여 한 민족이 되려니와 (창 34:15-16)

할례는 히위 문화가 아니었다. 그러나 추장 세겜과 아버지 하몰의 설득으로 모든 히위 남자들이 할례를 받았다. 그리고 3일째 되는 날, '시므온'과 '레위'가 칼을 들고 은밀히 성안으로 침입하여 모든 남자를 살해했다. 광야의 무법자다. 무법자도 이런 무법자가 없다. 보통은 항복하거나 조공을 바치면 목숨은 보장해 주는데, 시므온과 레위는 그런 것도 없었다. 이들의 입에서 나오는 평화, 연합, 우애, 합력, 동역 같은 단어는 믿어서도, 안심해서도 안 된다. 가장 무서운 부류의 사람이다. 게다가 살인으로 끝나지 않았다. 시므온, 레위의 거사 성공 소식에 다른 형제들은 시체가 즐비하게 널브러진 성으로 들어가 자녀와 여자들은 사로잡고, 성안의 모든 동물과 재물을 노략질했다. 히위족속의 씨를 말리고, 히위마을을 지도상에서 지워버렸다.

24 성문으로 출입하는 모든 자가 하몰과 그의 아들 세겜의 말을 듣고 성문으로 출입하는 '그 모든 남자가 할례를 받으니라' 25 제삼일에 아직 그들이 아파할 때에 야곱의 두 아들 디나의 오라버니 '시므온'과 '레위'가 각기 '칼'을 가지고 가서 몰래 그 성읍을 기습하여 '그 모든 남자를 죽이고' 26 칼로 하몰과 그의 아들 세겜을 죽이고 디나를 세겜의 집에서 데려오고 27 야곱의 여러 아들이 그 시체 있는 성읍으로 가서 노략하였으니 이는 그들이 그들의 누이를 더럽힌 까닭이라 28 그들이 양과 소와 나귀와 그 성읍에 있는 것과 들에 있는 것과

²⁹ '그들의 모든 재물을 빼앗으며' '그들의 자녀와 그들의 아내들을 사로잡고' 집 속의 물건을 다 노략한지라(창 34:24-29)

아버지 야곱이 노발대발했다. 가나안에 여러 족속이 이 소식을 듣고 자신들을 죽이려 몰려오면 어찌 하겠느냐는 것이다. 정말 상식적이고 기본적인 말이었지만, 시므온과 레위의 머리에는 그런 걸 생각할 여유 따위는 없었다. 오히려 아버지께 대든다. 그들의 할아버지 이삭은 증조할아버지 아브라함이 칼로 내리칠 때, 조금의 저항도 없이 고분고분 순종했다. 중동의 최고 명문가 집안이 두 세대 만에 '막장 콩가루 집안'이 되었다.

³⁰ '야곱이 시므온과 레위에게 이르되' 너희가 내게 화를 끼쳐 나로 하여금 이 땅의 주민 곧 가나안 족속과 브리스 족속에게 악취를 내게 하였도다 나는 수가 적은즉 그들이 모여 나를 치고 나를 죽이리니 그러면 나와 내 집이 멸망하리라 ³¹ 그들이 이르되 '그가 우리 누이를 창녀 같이 대우함이 옳으니이까'(창 34:30-31)

그리고 약 430년의 세월이 지났다. 출애굽에 성공하여 미디안 광야에서 온갖 야단법석을 겪는 중에, 하나님께서 모세에게 하나님의 산 호렙으로 올라오라고 하셨다. 모세가 40일 금식 끝에 돌판 두 개를 받아 내려오는데 백성은 타락하여 금송아지를 만들고, 광란의 축제를 벌이고 있었다. 분노한 모세는 두 돌 판을 던져 깨뜨리고, 금송아지를 불살라 가루로 만들어 이를 물에 타서 백성에게 마시게 했다.

"여호와의 편에 있는 자는 내게로 나아오라!"

모세의 말이 떨어지기 무섭게, 레위 자손들이 득달같이 달려왔다. 그리고 그들은 손에 칼을 잡고, 형제와 친구, 이웃을 죽였다. 자그마치 3,000명이나 죽였다. 평범한 사람은 손에 칼이 있어도 사람을 죽이지 못한다. 칼의 고수가 아닌 이상 사람을 단칼에 죽이기도 힘들뿐더러 피를 흘리며 고통스러워하는 사람을 여러 차례 찔러서 죽이는 것은 보통 사람으로는 힘든 일이다. 더구나 항상 얼굴을 마주하고 살았던 형제나 친구, 이웃을 죽이는 것은 여간 어려운 일이 아니다. 확실히 '조상 레위'의 잔인함이 '후손인 레위 지파'에 흘러내려 온 것이 분명하다. 그런데 이후에 모세의 말이 더 놀랍다.

[26] 이에 모세가 진 문에 서서 이르되 **'누구든지 여호와의 편에 있는 자는 내게로 나아오라'** 하매 **'레위 자손이 다 모여 그에게로 가는지라'** [27] 모세가 그들에게 이르되 이스라엘의 하나님 여호와께서 이렇게 말씀하시기를 너희는 각각 허리에 칼을 차고 진 이 문에서 저 문까지 왕래하며 각 사람이 그 형제를, 각 사람이 자기의 친구를, 각 사람이 자기의 이웃을 죽이라 하셨느니라 [28] 레위 자손이 모세의 말대로

행하매 이 날에 '백성 중에 삼천 명 가량이 죽임을 당하니라' ²⁹ 모세
가 이르되 각 사람이 자기의 아들과 자기의 형제를 쳤으니 '오늘 여
호와께 헌신하게 되었느니라 그가 오늘 너희에게 복을 내리시리라'
(출 32:26-29)

시므온과 레위처럼 원수 히위족속을 죽인 것이 아니다. 히위
족속은 가나안에 살았던 7개 족속 중 하나였다. 훗날 하나님께
서 가나안의 7개 족속을 남녀노소 불문하고 모두 진멸하라 하셨
을 정도로, 그들의 삶은 죄악과 가증함으로 넘쳤다.

¹⁶ 오직 네 하나님 여호와께서 네게 기업으로 주시는 이 민족들의 성
읍에서는 '호흡 있는 자를 하나도 살리지 말지니' ¹⁷ 곧 헷 족속과 아
모리 족속과 가나안 족속과 브리스 족속과 '히위 족속'과 여부스 족
속을 네가 진멸하되 네 하나님 여호와께서 네게 명령하신 대로 하라
¹⁸ 이는 그들이 그 신들에게 행하는 모든 가증한 일을 너희에게 가르
쳐 본받게 하여 너희가 너희의 하나님 여호와께 범죄하게 할까 함이
니라(신 20:16-18)

히위족속은 어차피 심판의 대상이었다. 그리고 이제는 야곱
가문과 원수가 되었다. 그러니 얼핏 보기에는 죽여야 마땅한 사
람들을 조금 일찍 죽인 것뿐이다. 그러나 야곱은 분노했다. 이후

로 야곱은 가장 사랑했던 요셉을 잃어버리고, 중동에 대기근이 시작되어 우여곡절 끝에 약속의 땅 가나안을 떠나 아들 요셉이 있는 애굽으로 이주했다. 그리고 그곳에서 여생을 살다가 눈을 감는 순간이 왔지만, 끝내 그때의 일을 잊지 않았다. 신령한 꿈을 꿨으며, 하나님의 음성을 잘 듣고, 일평생 하나님의 인도하심을 받았던 그래서 하나님의 마음을 잘 알았던 야곱이 마지막 순간까지 분노하며 시므온과 레위를 신랄하게 비난하며 저주했다.

[5] '시므온'과 '레위'는 형제요 '그들의 칼은 폭력의 도구'로다 [6] 내 혼아 그들의 모의에 상관하지 말지어다 내 영광아 그들의 집회에 참여하지 말지어다 그들이 그들의 분노대로 사람을 죽이고 그들의 혈기대로 소의 발목 힘줄을 끊었음이로다 [7] '그 노여움이 혹독하니 저주를 받을 것이요' 분기가 맹렬하니 저주를 받을 것이라 내가 그들을 야곱 중에서 나누며 이스라엘 중에서 흩으리로다 (창 49:5-7)

아버지 야곱은 '원수' 히위족속을 죽인 시므온과 레위를 저주했다. 그러나 훗날 모세는 '동족' 3,000명을 죽인 레위 지파를 축복했다. 그리고 그것을 '헌신'이라고 했다. 어떻게 이럴 수가 있었을까? 백성이 금송아지 앞에서 경배하고 축제를 벌인 일이 원수 사탄에게 큰 조롱의 빌미를 제공했다고 판단했기 때문에, 모세는 백성을 죽이라고 단호하게 명령했다.

모세가 본즉 백성이 방자하니 이는 아론이 그들을 방자하게 하여 '원수에게 조롱거리가 되게 하였음'이라(출 32:25)

같은 칼이다. 사람을 죽이는 목적도 같았다. '나의 원수' 때문에 죽일 때는 잔인한 '복수의 칼'이 되었다. 혈기와 분노로 칼을 잡은 '레위'와 '시므온'은 저주를 받았다. 그러나 '하나님의 원수' 때문에 죽일 때는 거룩한 '헌신의 칼'이 되었다. 거룩한 분노로 칼을 잡은 '레위 지파'는 대대로 축복을 받았다.

모세가 이르되 '각 사람이 자기의 아들과 자기의 형제를 쳤으니' 오늘 '여호와께 헌신하게 되었느니라' 그가 오늘 너희에게 복을 내리시리라(출 32:29)

조상 레위도, 후손 레위 지파도 칼을 잡았다. 그리고 많은 사람을 도륙했다. 그런데 결과가 너무 달랐다. 조상은 칼을 잡아 저주를 받았지만, 후손은 똑같은 칼을 잡고서도 조상 대대로 흘러오는 저주를 단숨에 축복으로 바꿨다. 자기를 위해 '복수의 칼'을 잡은 레위는 저주를, 하나님을 위해 '헌신의 칼'을 잡은 레위 지파는 축복을 받았다. 도대체 두 사건 사이에 무슨 일이 있었기에 그 일이 가능했던 것일까?

모세가 거룩한 부르심을 깨달아 '목자의 지팡이'를 버리고 '하나님의 지팡이'를 잡으니, 레위 지파도 거룩한 부르심을 깨달아 잔인한 '복수의 칼'을 버리고 '헌신의 칼'을 붙잡은 것이다. 한 사람이 부르심을 붙잡으니, 잔인하게 많은 사람을 대량 학살한 살인마의 후손마저 제사를 감당하는 거룩한 제사장이 되었다. 이것이 '지팡이 효과'의 놀라운 열매다!

그러므로 속 썩이는 가족을 탓할 일이 아니다. 속 썩이는 남편이 문제가 아니다. '웬수' 같은 아내가, 철없이 겉도는 자녀가 문제가 아니다. 타인에게서 문제의 원인을 찾으면 안 된다. 밖에서 원인을 찾으면 절대 상황을 해결할 수 없다. 그들의 인생이 빌빌대는 근본적인 문제는 내가 하나님의 지팡이를 잡지 않음에 있다. '나는 하나님의 지팡이를 잡은 것 같은데?'라고 생각하는 사람일수록 정말 온전하게 지팡이를 잡고 있는지 살피고 또 살펴야 한다.

나부터 하나님의 지팡이를 잡아야 한다! 내가 '지팡이 효과'를 일으키는 주인공이 되어야 한다! 1명이 부르심을 깨달아 하나님의 지팡이를 온전히 잡고 하나님께 온전히 사로잡힌 사람이 되면, 반드시 주변에서 하나둘씩 '하나님의 뭔가'를 잡고 일어서는 사람이 나타나기 시작한다. 별 볼일 없던 배우자와 자녀, 친구들에게 어마어마한 일들이 일어난다. 그리고 그들은 나를 돕고 보호하고, 나를 지지하며, 함께 뛰는 강력한 군사가 된다. 최악의 가족이 순식간에 하나님의 군대가 되고, 능력 없는 교회가 갑자기 하나님의 군대가 되고, 만성 적자에 시달리는 기업이 갑자기 하나님의 군대가 되고, 약소국이었던 국가가 갑자기 하나님의 군대가 되는 놀라운 일이 펼쳐진다.

'하나님의 무엇'을 잡고 일어선 사람들의 '후손'

레위 지파 출신인 지도자 모세가 '하나님의 지팡이'를 잡았다. 평신도 아론은 처음에는 '모세의 손'이라도 붙잡으며 중보 기도자를 자청했지만, 훗날 대제사장이 되어 '싹이 난 지팡이'를 붙잡으며, 하나님께 드리는 제사의 총 책임자가 되었다. (편의상 '대제사장 지팡이'라고 부르자.)

> 모세의 팔이 피곤하매 그들이 돌을 가져다가 모세의 아래에 놓아 그가 그 위에 앉게 하고 **'아론'**과 **'훌'**이 한 사람은 이쪽에서, 한 사람은 저쪽에서 **'모세의 손'**을 붙들어 올렸더니 그 손이 해가 지도록 내려오지 아니한지라(출 17:12)

> 이튿날 모세가 증거의 장막에 들어가 본즉 레위 집을 위하여 낸 **'아론의 지팡이'**에 움이 돋고 순이 나고 꽃이 피어서 살구 열매가 열렸더라(민 17:8)

아론이 '대제사장 지팡이'를 붙잡자, 손자 비느하스가 '질투의 창'을 붙잡았다. 비느하스의 한 방이 24,000명을 염병으로 죽인 하나님의 극한 진노를 가라앉혔다. 모든 이스라엘 백성은 즉시 죄사함을 받았다. 보너스로 비느하스 본인과 자손들은 '영원한 제사장 직분'을 언약으로 받았다. 정말 '한 방'이었다.

[7] 제사장 '**아론의 손자**' 엘르아살의 아들 '**비느하스**'가 보고 회중 가운데에서 일어나 손에 '**창**'을 들고 [8] 그 이스라엘 남자를 따라 그의 막사에 들어가 이스라엘 남자와 그 여인의 배를 꿰뚫어서 두 사람을 죽이니 염병이 이스라엘 자손에게서 그쳤더라 [9] 그 '**염병으로 죽은 자가 이만 사천 명**'이었더라 [10] 여호와께서 모세에게 말씀하여 이르시되 [11] 제사장 아론의 손자 엘르아살의 아들 비느하스가 내 질투심으로 질투하여 이스라엘 자손 중에서 내 노를 돌이켜서 내 질투심으로 그들을 소멸하지 않게 하였도다 [12] 그러므로 말하라 내가 그에게 내 평화의 언약을 주리니 [13] '**그와 그의 후손에게 영원한 제사장 직분의 언약**'이라 그가 그의 하나님을 위하여 질투하여 '**이스라엘 자손을 속죄하였음**'이니라(민 25:7-13)

아론이 '모세의 손'을 잡으니, 아론의 손자도 '창'을 잡았다. 아론과 '모세의 손'을 함께 잡았던 '훌'의 집안에도 '하나님의 뭔가'를 붙잡고 일어선 사람이 있었다.

¹ 여호와께서 모세에게 말씀하여 이르시되 ² 내가 '유다 지파 훌의 손자'요 우리의 아들인 '브살렐'을 지명하여 부르고 ³ 하나님의 영을 그에게 충만하게 하여 지혜와 총명과 지식과 여러 가지 재주로 ⁴ 정교한 일을 연구하여 금과 은과 놋으로 만들게 하며 ⁵ 보석을 깎아 물리며 여러 가지 기술로 나무를 새겨 만들게 하리라(출 31:1-5)

하나님은 훌의 손자 '브살렐'을 지명하셨다. 브살렐은 지성소와 성소, 뜰에서 사용할 모든 거룩한 물건을 만드는 영광스러운 직분을 받았다. 그가 만든 작품 중에는 대제사장도 1년에 1번 지성소에 들어갈 때만 볼 수 있는 법궤와 속죄소도 있었다. 이 얼마나 놀랍고 영광스러운 일인가?

아론의 자손들이 성인이 되어 제사장이 되더라도, 모두 대제사장이 되는 것은 아니다. 여러 제사장 중에서도 대제사장의 아들에게만 기회가 오는데, 모든 아들에게 기회가 오는 것도 아니다. 오직 대제사장의 장남만 대제사장이 될 수 있다. 그것도 대제사장인 아버지가 죽어야만 대제사장직을 물려받는다. 그러므로 대제사장직을 물려받은 사람이 그 직분을 40살부터 감당하게 될지 50살부터 감당하게 될지, 아무도 모를 일이다. 대제사장이 되어도 1년에 1번만 지성소에 들어갈 수 있으니, 평생 법궤를 몇 번 못 보고 죽는 것이다. 그런 법궤를 브살렐이 만들었다.

⁶ 내가 또 단 지파 아히사막의 아들 '오홀리압'을 세워 '그와 함께 하게 하며' 지혜로운 마음이 있는 모든 자에게 내가 지혜를 주어 그들이 내가 네게 명령한 것을 다 만들게 할지니 ⁷ 곧 회막과 증거궤와 그 위의 속죄소와 회막의 모든 기구와 ⁸ 상과 그 기구와 순금 등잔대와 그 모든 기구와 분향단과 ⁹ 번제단과 그 모든 기구와 물두멍과 그 받침과 ¹⁰ 제사직을 행할 때에 입는 정교하게 짠 의복 곧 제사장 아론의 성의와 그의 아들들의 옷과 ¹¹ 관유와 성소의 향기로운 향이라 무릇 내가 네게 명령한 대로 그들이 만들지니라(출 31:6-11)

하나님은 '브살렐' 다음으로 '오홀리압'을 지명하셨다. '그와 함께 하게 하며'(출 31:6) 부분은 얼핏 보면 브살렐이 오홀리압 보다 먼저 선택되었을 뿐, 두 사람의 관계가 대등하게 보인다. 그런데 영어 성경은 오홀리압이 브살렐을 돕는 역할to help him, NIV이라고 말하고 있다. 브살렐이야말로 '성막 만들기 프로젝트'의 진정한 총책임자다. 이 두 사람이 지성소와 성소, 뜰에서 사용할 모든 거룩한 기구들과 제사장들의 옷을 맨손으로 만들었다고 생각하는 사람은 없을 것이다. 금, 은, 놋, 보석, 나무, 옷 등을 만들고 당시에는 첨단 산업이었을 도금 작업까지 했으니, 분명 두 사람은 일반인은 만져보지도 못할 온갖 종류의 정교한 도구들을 사용했을 것이다.

'레위 지파'의 아론이 모세의 손을 잡았더니 손자 비느하스가 하나님을 위하여 '질투의 칼'을 잡았다. 그리고 레위 지파는 '영원한 제사장 직분'의 약속을 받았다. '유다 지파'의 훌도 모세의 손을 잡았는데, 손자 브살렐이 하나님의 거룩한 기구를 만들기 위하여 '정교한 도구들'을 잡았다. 그리고 '성막 만들기 프로젝트의 총책임자'가 되었다.

한 사람이 '하나님의 무엇'을 잡고 일어서면 가족들과 자녀, 더 나아가 손자와 자손 대대로 '하나님의 무엇'을 잡고 일어서게 되어 역사에 발자취를 남기는 영광의 명문가가 된다. 당장 하나님의 무엇을 잡아라! 그러면 당신을 통해 하늘 명문가가 탄생할 것이다.

여기서 이런 고민이 있을 수 있다. '나는 지팡이를 잡았는데, 왜 나의 성도들은 아무것도 안 잡을까?', '나는 부르심을 잡았는데, 왜 나의 가족들은 부르심에 무관심할까?'

첫째, 앞에서 언급한 것처럼 내가 정말 온전히 부르심을 잡았는지 확인하자. 둘째, 내가 정말 부르심을 잡은 것이 확실하다면 많이 답답하더라도 조금만 더 기다려보자. 아론처럼 몇 단계에 걸쳐 점진적으로 부르심을 잡는 경우도 있고, 간혹 첫 단계도 시간이 조금 걸리는 경우가 있다. 그러니 조급해 하지 말자. 절대 오래 걸리지 않을 것이다. 셋째, 빠른 효과를 원한다면 '지팡이 효과'에 대해 더 깊이 묵상해보자.

인간(人間) - [人:사람 인] [間:사이 간]
인간은 사람과 사람 사이에 서 있는 존재를 말한다.
우리는 사람으로 태어나 인간이 되어간다.
사람과 사람 사이에 잘 서 있으면 좋은 인간이 되고,
사람과 사람 사이에 서 있기를 거부하거나
불편해하면 '나쁜(?) 인간' 혹은
어디가나 평균을 깎아 먹는 인간으로 전락하고 만다.

이처럼 세상이라 불리는 물질 세계에서도
혼자 설 수 없는 것이 상식이듯,
하나님 앞에서 살아가는 영적 세계는
혼자 서는 것이 더더욱 불가능하다.

결국 우리는 함께 부르심을 완성하는 존재이며,
서로의 부르심을 도우며 살도록 초청받았다.

5장

부러심은 함께 완성된다

나는 누구인가? : 나는 누군가의 백성이다!

순서가 중요하다. 모세가 하나님의 지팡이를 손에 잡으니, 손에 뭔가를 잡고 일어난 사람들이 하나둘씩 생기기 시작했고, 마침내 그들은 수백만 명을 이끄는 '특수 부대'가 되었다. 그들은 남의 영토 안으로 수백만 명을 이끌고 불쑥 들어와서 40년이나 텐트를 치며 '집단 난민' 생활을 했다. 내일 무슨 일이 터질지 모르는 불안 속에서도 손에 뭔가를 쥔 특수 부대는 내부 갈등으로 자멸하지도 않고, 외부 갈등으로 붕괴하지도 않으면서 이 거대한 난민들을 놀라울 정도로 잘 인도했다.

반대로 생각해보자. 여기서부터가 정말 중요하다. 일당 백, 천, 만을 넘어 일당 수십만의 역할을 했던, 이 강력한 부대의 결성은 모세가 '하나님의 지팡이'를 잡는 작은 일에서 시작되었다. 여호수아, 아론, 비느하스, 레위지파, 훌, 브살렐 등이 손에 '뭔가'를 잡고 있다는 것은, 모세가 손에 '뭔가'를 잡고 있다는 뜻이다. 그들이 뭔가를 잡지 않았다는 것은 '아직' 모세가 뭔가를 잡지 않았다는 뜻이고, 그들이 뭔가를 잡았다는 것은 '이제' 모세가 뭔가를 잡았다는 뜻이다.

내가 여전히 별 볼 일 없는 존재인가? 나에게 놀라운 능력과 돌파가 임하지 않았다면, 내가 손에 뭔가를 잡고 있지 않다는 뜻이다. 내가 손에 뭔가를 잡고 있지 않다면, '아직' 내가 '나의 모세'를 만나지 않았다는 뜻이다.

나의 삶, 가정, 직장, 사역에 엄청난 역사와 돌파가 임했는가? 그래서 5년 할 일을 1~2년에, 10년 할 일을 3~4년 만에 해내기 시작했는가? 인생에 엄청난 가속이 붙기 시작했다는 것은 내가 손에 뭔가를 잡고 있다는 뜻이다. 내가 손에 뭔가를 잡고 있다면, '이미' 내가 하나님의 지팡이를 잡은 '나의 모세'를 만났다는 뜻이다.

자기 부르심을 스스로 깨닫는 사람은 거의 없다. 모세는 하나님의 지팡이를 잡으며 스스로 부르심을 깨달았지만, 다른 사람들은 하나님의 지팡이를 잡은 모세에게 일어나는 놀라운 변화와 역사를 보고 자극을 받으면서 부르심을 조금씩 깨달아 갔다. 그리고 부르심을 깨달은 만큼 그들은 위대한 인물로 성장했다. 바울은 스스로 부르심을 깨달았지만, 다른 사람들은 바울에게 일어나는 놀라운 변화와 역사를 보고 자극을 받으면서 부르심을 조금씩 깨달아 갔다. 그리고 부르심을 깨달은 만큼 그들은 위대한 사역자로 성장했다.

이렇게 먼저 '나의 모세'를 만나고, 그와 교제를 시작하고 관계가 깊어지면서 내가 예전에 했던 일들, 내가 예전에 꿈꿨던 것들, 내 안에 숨어 있는 재능들이 하나씩 하나씩 모인다. 그렇게 부르심의 한 조각을 찾고, 또 시간이 지나면서 또 다른 부르심의 한 조각을 찾으면서, 전체 부르심을 서서히 깨달아 간다. 우리 인생이 아름답고 영광스러운 이유는 작지만 다채로운 부르심의 조각들이 한데 모여 조화를 이루며 화려하게 빛나기 때문이다. 그래서 인생은 '부르심의 퍼즐 조각 맞추기'와 같다. 그런데 부르심의 퍼즐 조각들 맞추기는 '나의 모세'와의 만남으로부터 시작된다.

출애굽을 '부르심의 관점'에서 살펴보면 이렇다. 이스라엘 백성이 애굽에서 부르짖었다. 노예 생활이 너무 가혹해서 부르짖었고, 그 가혹함을 못 이겨서 끝내 숨을 거둔 사람도 많았다. 그래서 그들은 하나님께 울부짖으며 기도했고, 하나님은 모세라는 도구로 그들의 기도에 응답하시며, 그들에게 새 삶을 주셨다. 이것을 부르심의 관점에서 묵상하면, 더 깊은 영적 원리를 발견할 수 있다.

"하나님, 이렇게 살고 싶지 않아요. 제발 살려 주세요."

"하나님, 제 부르심을 이루고 싶어요. 제발 도와주세요."

'부르심 완성'이라 불리는 커다란 퍼즐판 위에 '부르심의 퍼즐' 한 조각도 맞춰 넣지 못한 노예들이 있다. 오랜 세월 동안 애쓰고 힘쓰며 살아왔건만, 아직 한 조각도 맞추지 못한 자신의 인생이 불쌍하고 처량했다. 한 조각도 제대로 못 맞춘 것 같은데 시간은 쏜살같이 달렸고, 몸은 예전 같지 않으며, 얼굴에는 주름만 깊어 갔다. 한 번밖에 없는 소중한 인생이 이대로 속절없이 흘러가는 것이 슬프고 원통하다. 마침내 여기저기 널브러진 수

많은 퍼즐 조각 사이에서, 퍼즐 판을 잡아서 들어 올린다. 그리고 퍼즐 판을 하나님 앞에 들어 올린 채로, 간절히 목 놓아 울부짖었다.

"하나님, 제 인생은 무엇입니까?"

"하나님, 제 인생은 어떻게 해야 합니까?"

"하나님, 저는 도대체 어떻게 살아야 합니까?"

"하나님, 제 부르심은 대체 어떤 것입니까?"

"하나님, 제발 제 인생을 도와주세요. 제 인생을 위해 계획하신 뭔가가 있으시잖아요."

삶에 힘들고 지친 노예들은 아무것도 못 이룬 것 같은 자기들의 인생이 너무나 불쌍해서 한참을 울부짖었다. 전지전능하신 하나님께는 모든 이스라엘 백성이 각자의 부르심을 성취할 묘안이 있으셨다. 하나님의 묘책은 그들에게 '모세'를 보내는 것이었다.

우리 영혼도 부르심에 애타고 있다. 일차적으로 구원 받고, 천국에 가기 위해서 영혼이 육체 안에서 탄식하지만, 하나님을 만난 후로는 하나님 앞에서 어떻게 살아야 하는지가 새로운 화두가 된다. 먹고, 싸고, 자는 등의 본능적인 일들은 하나님을 만나기 전이나 후나 비슷하지만, 하나님을 만난 후로는 똑같은 일을 하더라도 방향과 목적이 $180°$ 달라진다. 즉 하나님을 만나 구원의 길에 들어서는 사람들마다 하늘에서 온 진짜 부르심에 눈을 뜨게 된다. 그리고 부르심 성취에 온 마음이 쏠리며, 과감히 인생을 던진다. 반대로 인생을 송두리째 쏟아 부을만한 부르심을 아직도 발견하지 못했다면, 그는 아직 하나님을 정통으로 만나지 못한 사람이다.

'모세의 부르심' 안에 숨겨진 '백성의 부르심'

이스라엘 백성은 아브라함의 언약을 잘 알고 있었다. 애굽으로 들어온 지 400년이 지나면, 아브라함과 이삭, 야곱과 12지파의 조상들이 살았던 약속의 땅으로 돌아가는 것이다. 약속의 400년을 코앞에 둔 사람들은 분명한 꿈이 있었다. 기나긴 고통의 400년을 마치면 노예의 삶이 끝나고, 누구의 노예가 아닌 자유인이 되어서 약속의 땅에서 어떤 새로운 삶을 살지 이야기했을 것이다. 부푼 꿈을 안고 말이다.

"나는 바닷가에서 고기를 잡는 어부가 되고 싶어요!"
"나는 넓은 땅을 일구며 농사짓는 농부가 되고 싶어요!"
"나는 평온하고 푸른 들판에서 양치는 목자가 되고 싶어요!"
"나는 드넓은 바다를 누비며 무역하는 바다 상인이 되고 싶어요!"
"나는 레위 지파예요. 나는 멋있는 제사장이 되고 싶어요!"
"나는 목수가 되어 멋있는 집을 지을 거예요. 언젠가 성전도

짓고 싶어요!"

이렇게 저마다의 꿈과 부르심을 이루기 위해서는 '한 사람의 부르심'이 먼저 이루어져야 한다. 모세는 첫째 부르심인 출애굽은 성공했지만, 둘째 부르심인 가나안 입성은 실패했다. 그 때문에 모세를 쫓아 애굽을 탈출한 모든 백성이 가나안 입성에 실패하고, 아무도 약속의 땅에서 꿈꾸었던 것을 성취하지 못했다. 저마다 많은 것을 꿈꾸었지만, 그중에 하나라도 이룬 사람은 단 한 명도 없었다. 그리고 못다 이룬 아름다운 꿈, 위대한 부르심은 다음 세대로 훌쩍 넘어갔다. 나의 땅이었을 그곳, 나의 집이었을 그 터, 나의 영역이고 나의 열매였을 그것들이 야속하게도 다음 사람의 차지가 되었다.

'광야 1세대', 그들 모두는 각자 설레는 꿈이 있었다. 그런데 무엇에 홀렸는지, 아무도 '모세의 부르심'에는 관심이 없었다. 모세를 따라서 '하나님의 무엇'을 잡고 일어선 소수의 특수 부대를 제외하고는, 수백만 명이 모두 각자의 꿈과 인생에만 관심을 쏟았다. 그들은 코너에 몰리면 꿈도 팽개치고, 모세를 죽여서라도 애굽으로 돌아가자고 입을 모았다. '모세의 부르심'에 관심이 없었던 '광야 1세대'는 자기 꿈도, 자기 부르심도 이루지 못하고 죽었다. 참 어리석고 허망한 인생이다.

'광야 2세대', 그들 역시 각자 설레는 소중한 꿈이 있었다. 그러나 '모세의 부르심'에는 관심도 없던 어리석은 '광야 1세대'와 달리, 그들은 '여호수아의 부르심'에 일심동체로 집중했던 똑똑한 '광야 2세대'였다. 그들은 여호수아의 부르심을 이루기 위해, 목숨까지 내놓은 광신자들 같았다.

[16] 그들이 여호수아에게 대답하여 이르되 '당신이 우리에게 명령하신 것은 우리가 다 행할 것이요 당신이 우리를 보내시는 곳에는 우리가 가리이다' [17] 우리는 범사에 모세에게 순종한 것 같이 당신에게 순종하려니와 오직 당신의 하나님 여호와께서 모세와 함께 계시던 것 같이 당신과 함께 계시기를 원하나이다 [18] '누구든지 당신의 명령을 거역하며 당신의 말씀을 순종하지 아니하는 자는 죽임을 당하리니' 오직 강하고 담대하소서 (수1:16-18)

'광야 2세대'에게는 몇 가지 중요한 특징이 있다. 첫째, 그들은 하나님을 신뢰하는 믿음이 있었다. 둘째, 그들은 리더 여호수아의 부르심에 광적으로 집중했다.
"우리가 당신의 부르심을 이루기 위하여, 당신이 시키는 것은 뭐든 해 볼 테니 강하고 담대하십시오!"
이렇게 말하며 여호수아에게 아낌없는 지지를 보냈다. '이렇게까지 광적인 반응을 보일 필요가 있을까? 너무 심한 아부 아닌가?'라는 의문을 가질 수 있겠으나, 어찌 되었든 그들의 순수한 진심이 그랬다. '광야 1세대'가 몰랐던 것을 '광야 2세대'는 알았다. 천재라서 깨달은 것이 아니라, 리더의 부르심에 무관심한 '광야 1세대'의 비참한 말로를 보고, '반면교사(反面敎師)'로 깨달은 것이다.

혹시 '나의 모세'의 부르심보다 나의 부르심이 먼저라고 생각하는가? 혹시 모세는 '모세의 부르심'을 이루고, 나는 '나의 부르심'을 이루면 된다는 것을 정석으로 믿으며, '부르심은 각자 알아서'를 주장하고 있는가? 혹시 나는 '나의 모세'의 부르심에 책임과 의무가 없다고 믿는가? 99%의 크리스천이 위의 질문에 자신이 없을 것이다. '나는 모세의 부르심에 관심 있습니다!'라고 주장하는 성도일지라도 모세를 위해 매일 중보 기도하는 정도가 대부분일 것이다.

고생하지 않고 반면교사로 깨닫는 것이 지혜다. '광야 1세대'의 잘못을 보고 깨달은 '광야 2세대'처럼, 우리도 자기 부르심만 사랑한 신앙 선배들의 안타까운 말로를 보고 깨달아야 한다. 그렇지 않으면 우리가 '광야 1세대' 되고, 다른 사람이 우리의 실패를 보고 깨닫는 '광야 2세대'가 될 것이다.

리더의 부르심에 관하여 모든 성도는 '1세대'와 '2세대' 중의 하나를 반드시 선택해야 한다. '나는 내 인생만 신경 쓰겠다!' 하는 사람은 1세대가 된다. '나는 이도 저도 관심 없다!'하면서 둘 중 하나도 선택하지 않는 사람도 1세대가 된다. 의지를 갖고 결단하여 2세대를 결정하지 않는 사람마다 모두 1세대가 된다.

2세대를 결정하지 않는 사람은 2세대의 복이 그 사람을 결정하지 않는다. 모세의 부르심을 선택하지 않은 사람은 '모세의 부르심'도 그 사람을 선택하지 않는다. 그 사람을 멀리 밀쳐내 버려서 그로 하여금 '자기 부르심'도 이루기 힘들게 한다.

그런데 왜 모세의 부르심이 그토록 중요할까? 모세가 리더라서? 모든 리더는 중요하기에? 아니면 모세가 선지자라서?

아니다! 첫째, 교회는 한몸이기 때문이다. 각각의 손가락에는 손가락만의 독특한 역할과 부르심이 있다. 그런데 손가락은 몸의 지극히 작은 한 부분이다. 그래서 '몸의 부르심'보다 앞서는 '손가락의 부르심'은 없다. 몸의 부르심 안에 손가락의 부르심이 있다. 각각의 '지체의 부르심'은 '몸의 부르심' 안에 소속되어 있다. 그러므로 '모든 지체의 부르심'의 총 합이 '몸의 부르심'이다. 이것을 인정하지 않는 지체는 몸 안에 있는 것이 아니라, 몸 밖에 있다.

마찬가지로 각각의 성도에게는 성도 각자의 독특한 역할과 부르심이 있다. 그런데 성도는 하나님 나라와 교회의 지극히 작은 한 부분이다. '교회의 부르심' 안에 성도 '개개인의 부르심'이 있는 것이다. 그러므로 '모든 성도의 부르심'의 총 합이 '교회의 부르심'이다. 모든 '광야 1세대'의 부르심은 '모세의 부르심' 안에 있다. 모든 '광야 2세대'의 부르심은 '여호수아의 부르심' 안에 있다. 이것을 인정하지 않는 광야 백성은 이스라엘 공동체 안에 있는 것이 아니라 밖에 있는 것이다.

둘째, '모세의 부르심'과 '이스라엘 공동체의 부르심'이 거의 동일하게 연결되기 때문이다. 모세는 출애굽을 하고, 가나안에 입성해야 한다. 이스라엘 공동체도 출애굽을 하고, 가나안에 입성해야 한다. 게다가 모세는 공동체를 이끄는 지도자로서 애굽의 바로 앞에 서야 하며, 십계명을 받아오며, 조직을 정비하는 등 지도자만 감당할 수 있는 추가적인 부르심도 있었다.

'목사의 부르심'은 '교회의 부르심'과 연결된다. 이 말은 목사가 교회보다 크고 위대하다는 말이 절대 아니다. 목사의 역할이 그만큼 독특하고 중요하다는 뜻이다. 모든 성도의 부르심의 총합이 교회의 부르심인데, 교회의 부르심은 목사의 부르심과 상당히 긴밀하게 연결된다. 예를 들어, A교회의 부르심이 10개이고, A교회 목사의 부르심이 10개라 하면, 두 부르심이 상당히 많이 겹친다. 그뿐이 아니다. 목사가 타락하거나 넘어져서 10개 부르심 중에 상당수의 부르심을 이루지 못하면, 교회 역시 많은 부르심을 성취하지 못한다. 그러므로 성도들이 목사의 부르심에 집중하는 행동은 모든 성도의 부르심과 목사의 부르심, 나아가 교회의 부르심을 동시에 이루는 가장 지혜로운 방법이다.

반대로 성도들이 각자의 부르심에만 집중하는 행동은 성도 각자의 부르심과 목사의 부르심, 그리고 교회의 부르심 모두를 이루지 못하게 하는 가장 어리석은 행위이다. 모든 성도가 한마음으로 뭉쳐도 '목사의 부르심'과 '교회의 부르심'을 성취하기가 쉽지 않다. 하물며 뭉치지 않고야 어찌 이루겠는가!

부르심의 우선순위

"그건 내 인생이에요!"
"나에게도 내 인생이 있어요!"
"내 인생은 내가 알아서 해요!"
철없는 아이들은 종종 이런 말을 쉽게 내뱉는다. 가족이야 어찌되었든 자기 인생만 중요하게 생각하기 때문이다. 철없는 성도들 역시 마찬가지다. 교회와 목사가 어찌되든 자기 신앙생활만 중요하게 생각하는 철없는 성도들은 교회를 먼저 생각하자는 목사에게 위의 아이들처럼 이렇게 말하곤 한다.

사실 사람들은 저마다 자기 인생이 제일 중요하다고 생각한다. 그러나 내 인생 못지않게 중요한 것이 하나 더 있다. 바로 '나의 모세의 부르심'이다. 요즘에는 교회나 목사에 대한 인식이 예전 같지 않아, 혹자는 이런 얘기를 고리타분하고 황당한 소리로 여길지도 모른다.

광야 1세대도 그렇게 생각했다. '모세의 부르심'은 안중에도 없던 '광야 1세대'는 자기들의 말을 들어주지 않는 모세부터 죽이고 '애굽으로 돌아가자'고 외쳤다. 결국 극소수를 제외한 모든 사람은 자기 꿈도 못 이루고, 자기 부르심도 이루지 못했다. 반대로 '여호수아의 부르심'을 최우선으로 삼았던 '광야 2세대'는 여호수아의 말을 듣지 않는 백성을 죽이면서까지 '가나안 정복을 해야 한다'고 외쳤다. 그래서 그들은 자기 부르심도 이루고, 개인적인 소망과 꿈도 이룰 수 있었다. 이렇듯 '모세의 부르심'을 사랑하지 않고, '모세의 부르심'에 합류하지 않은 사람들은 그만큼 자기 부르심의 성취가 어려워지고 늦어진다.

'누구든지 당신의 명령을 거역하며 당신의 말씀을 순종하지 아니하는 자는 죽임을 당하리니' 오직 강하고 담대하소서(수 1:18)

'개판 5분 전'. '동네 강아지들이 깽판을 친다!'는 말이 아니다. 개[開 : 열 개], 판[板 : 널조각 판]. '가마솥 뚜껑을 열기 5분 전'이라는 뜻이다. 한국 전쟁 당시, 중국군이 인해전술로 다시 남쪽으로 밀려올 때였다. 오랜 전쟁으로 지치고 굶주린 대한민국 군인들은 '개판 5분 전!' 소리를 들으면, 음식 쟁탈전을 벌이느라 아수라장이 되었다. 말 그대로 '개판 5분 전'이 되었다. 이것이 유래가 되어 훗날 '강아지들의 난리 법석판'이란 뜻으로 사용되고 있다.

처음 성경을 읽을 때 '광야 1세대'가 정말 '개판 5분 전' 같았다. 초신자 임에도 뜬금없이 위대한 모세에게 감정 이입이 되어,

백성이 한심해 보이고 때로는 밉기도 했다. 모세가 불쌍해 보이고, 하나님까지도 불쌍해 보였다. 그러나 시간이 지나면서 백성에게서 나의 모습을 조금씩 발견하자 이제는 모세가 아닌 백성에게 감정 이입이 됐다. 그리고 백성을 참아주는 모세에게서 나를 참아주는 목사님과 구역장의 모습을 발견하고, 새삼 목사님과 구역장이 대단해 보이고 존경심까지 생겼던 기억이 난다.

그런데 모세의 부르심을 외면하고 자기 인생과 꿈, 계획에만 집중했던 광야 1세대만 회개해야 할까? 나의 '모세의 부르심'에는 관심 없고, 그저 나의 신앙생활과 나의 부르심에만 집중했던 이기적인 어리석음은 회개할 필요가 없을까? 광야 1세대가 그 모양, 그 꼴이 된 것은 하나님에 대한 불신과 모세의 부르심에 대한 무관심 때문이다. 오늘날 많은 교회와 목사, 성도가 고전하고 있는 이유도 이와 같다. 광야 1세대 가운데 오직 소수만 '모세의 부르심'에 집중했던 것처럼, 오늘날 크리스천 중에도 오직 소수만 나의 목자, '모세의 부르심'에 집중하고 있다.

광야 1세대가 꼭 '개판 5분 전' 같다고 생각했는가? 리더의 부르심에 무관심하다면, 우리 역시 '개판 5분 전'은 매한가지다. 우리는 광야 1세대에게 없었던 재정과 지식까지 겸비했으니 교만해질 우려까지 있다. 그래서 늘 깨어있지 않으면 우리는 '개판 5분 전'이 아닌 '개판 1분 전'이 될지도 모른다. 나의 모세의 부르심에 합류하겠다고 결정하는 복된 결단이 우리에게 필요하다.

나의 모세는 누구인가?

하나님께서 모세를 깨우시고, 모세를 통해 백성을 깨우셨다. 모세를 부르시고, 모세를 구심점으로 백성을 모으셨다. 하나님은 백성을 이용해 먼저 '모세의 부르심'을 성취하시고, 그 과정에서 '모든 백성의 부르심'을 성취하려고 하셨다. 모세의 부르심에 합류한 백성 중 소수는 정예의 특수부대가 되어 각자의 부르심을 완벽하게 성취했지만, 모세의 부르심에 합류하지 않은 다수는 말썽꾸러기가 되어 각자의 부르심을 전혀 성취하지 못했다. 모세의 부르심에 가까이 서 있을수록 자기 부르심의 성취가 빠르고, 모세의 부르심에 멀리 서 있을수록 자기 부르심의 성취가 늦다.

하나님께서 목사를 깨우시고, 목사를 통해 성도들을 깨우신다. 목사를 먼저 부르시고, 목사를 구심점으로 성도들을 모으신다.(간혹 성도들이 먼저 모여서 예배드리다가 목사를 초청하는 때도 있지만, 이것은 매우 예외적이고 특수한 경우라서 여기서 논하지 않는다.) 하나님은 성도들을 이용해 먼저 목사의 부르심을 성취하시고, 그 과정에서 성도 모두의 부르심을 성취하신다. 그래서 담임 목사의 부르심에 합류한 성도들마다 각자의 부르심을 성취하는 속도에 이해할 수 없는 탄력과 가속이 붙는 것을 경험한다. 반대로 담임 목사의 부르심에 합류하지 않고 무관심한 성도는 자기 부르심을 성취하는 속도가 이상하게 느려진다. 담임 목사의 부르심에 가까이 서 있을

수록 자기 부르심의 성취가 빠르고, 담임 목사의 부르심에 멀리 서 있을수록 자기 부르심의 성취가 늦다.

간혹 신앙생활은 얼렁뚱땅하면서 교회 일은 관심이 없는데도 불구하고, 재물과 성공, 명예를 얻은 사람이 있다. 그것은 자기 꿈이 이루어진 것일 뿐, 부르심과 사명의 성취와는 전혀 별개의 일이다. 부르심은 하늘에서 내려오는 것이라서 모세와 공동체에 밀접한 관계가 있는 있지만, 꿈은 자기 안에서 만들어지는 것이라서 모세와 공동체에 관계가 없을 수도 있다. 그래서 '자기 꿈'과 '자기 부르심'의 차이를 잘 알아야 하고, '자기 지팡이'와 '하나님의 지팡이'의 차이점을 잘 알아야 한다. 그렇지 않으면 땅에서 성공해도, 하늘에서 실패하는 사람이 된다.

모세의 부르심에 올라타야 내 인생에 가속도가 붙는다. 왜냐하면 하나님은 하나님 나라를 뜨겁게 위하는 성도를 앞에서 끌어주고 뒤에서 밀어주며 옆에서 아낌없이 전폭적으로 지원해 주시기 때문이다. 반대로 하나님 나라의 성장과 팽창보다 자기 사업의 성장과 팽창에 관심이 조금이라도 더 큰 사람이 있다면, 본인이 아무리 아름답게 포장해도 그는 이기적인 사람이고 어리석은 사람이다. 하나님 나라보다 자기 왕국을 더 사랑하는, 즉 자기를 사랑하며 하나님 나라를 사랑하지 않는 사람이다. 그가 광야 시대에 태어났다면, 분명 열성적인 '광야 1세대'가 되어 제일 앞줄에서 모세에게 돌을 던지려 했을 것이다. 이런 성도들에게 '어떻게든 하나님 나라와 교회를 성장시켜 보겠다'는 뜨거운 열정은 없다. 그저 하나님 나라에서 떨어지는 복만 앉아서 또박또박 받으려는 얌체 같은 심보를 가진 사람이다. 그러니 부르심을 성취하는 속도가 늦을 수밖에!

하나님은 하나님을 위하신다. 이 말에 누군가는 이런 생각을 할 수도 있다.

'아니, 뭐라고? 하나님께서 하나님을 위하신다고? 하나님은 사랑이시고, 인류를 위해 독생자를 죽이셨으니, 하나님은 사람을 위하시는 것이 아닌가?'

물론 하나님은 사람을 깊이 사랑하시고, 위하신다. 하지만 하나님은 사람보다 하나님을 더 위하신다. 사람이 자기를 위하는 것처럼, 하나님도 하나님을 위하신다. 하나님은 악인과 의인을 모두 사랑하시지만 의인을 더 아끼시며, 모든 인류를 사랑하시지만 하나님을 사랑하는 사람을 더 사랑하신다. 모든 하나님의 자녀를 보호하시지만, 기도하고 예배드리는 사람을 더 보호하신다. 하나님도 감정과 의지가 있는 인격체이시기 때문이다.

우리가 하나님에 대해 이렇게 생각하는 것은 매우 상식적이고 이성적이다. 그런데 사람들은 이를 알면서도 평소에 이런 생각을 하지 않는다. 하나님은 사람을 사랑해서 사람에게 잘해주시기도 하시지만, 하나님은 하나님을 위해 사람에게 잘해 주시는 이유가 압도적으로 더 크다. 하나님은 '사람의 영광과 행복'

을 위해서가 아닌 '하나님의 영광'을 위하여 사람을 창조하셨고, '사람의 이름과 체면'이 아닌 '하나님의 이름'을 위하여 사람을 인도하시기 때문이다.

> 내 이름으로 불려지는 모든 자 곧 내가 '**내 영광을 위하여**' 창조한 자를 오게 하라 그를 내가 지었고 그를 내가 만들었느니라(사 43:7)

> 내 영혼을 소생시키시고 '**자기 이름을 위하여**' 의의 길로 '**인도**'하시는도다(시 23:3)

그러므로 내 기업을 키우는 것보다, 하나님 나라의 확장에 마음과 힘을 더 쏟아야 한다. 사람이 진심으로 그리한다면, 우리 하나님께서 특별한 관심을 가지고 그를 키워주실 것이다.

나는 누구인가? : 나는 누군가의 모세다!

'지팡이 효과'는 2가지 관점에서 봐야 한다.

첫째, 나는 '백성'이다. 그리고 나에게는 '나의 모세'가 있다. 먼저 '나의 모세'가 '하나님의 지팡이'를 잡았고, 그것을 보고 내가 '하나님의 무엇'을 잡고 일어섰다. 그러므로 나에게는 모세가 있다. 나는 '나의 모세의 백성'이다.

둘째, 내가 '모세'다. 그리고 나에게 '나의 백성'이 있다. 먼저 내가 '하나님의 지팡이'를 잡고 일어서면, 그것을 보고 내 주변 사람들이 '하나님의 무엇'을 잡고 일어선다. 부르심에 눈을 뜬 나에게 일어난 놀라운 변화에 감동을 받아 자기 부르심에 눈을 뜨기 시작한 사람들, 내가 지팡이를 잡고 일어선 것을 보고 뭔가를 잡기 시작한 사람들, 나를 바라보며 나를 따라오며 나를 돕는 사람들, 그들이 '나의 백성'이다. 나는 '내 백성의 모세'다.

그러므로 모든 크리스천은 누군가의 백성이고, 누군가의 모세다. 이것이 우리의 부르심이고 역할이다. 우리는 이 놀라운 사실을 늘 마음 깊이 새겨야 한다.

'나는 누군가의 백성이고, 나는 누군가의 모세다!'

내가 하나님의 지팡이를 잡으면, 주변에서 지극히 평범했던 범인들이 갑자기 '각자의 무기'를 잡고 일어선다. 어떤 사람은 재정을 가지고 나를 돕는다. 어떤 사람은 지혜를 가지고, 어떤 사람은 전문적인 지식을 가지고, 어떤 사람은 기발한 전략을 가지고, 또 어떤 사람은 자기 인맥을 가지고, 어떤 사람은 요셉처럼 조직을 관리해주며 나를 돕는다. 사방에서 우후죽순으로 일어난 '하나님의 사람들'이 벌떼처럼 나에게 달려들어 나를 돕는다.

'하나님의 무기'를 잡은 사람들은 강력하다. 그들은 과격할 정도로 헌신적이며, 불타는 열정을 가졌고, 매우 용감한 사람들이다. 그런 사람들이 열일을 제쳐놓고 전심으로 나를 돕기 시작한다. 그래서 그때부터는 재정, 지혜, 조직, 인맥 등 여러 영역에서 놀라운 가속이 붙는다. 내 실력으로는 도저히 넘을 수 없었던 높은 산을 향해 미친 듯이 질주하기 시작한다. 비록 내 차는 오래된 고물차라도 '나의 백성'이 힘껏 밀어주니 뒤에서 붙은 탄력과 가속 때문에 산을 성공적으로 넘는다. 산을 넘으니 더 큰 산이 버티고 있지만, 갈수록 많은 사람이 합류하여 그 산도 거뜬히 넘어선다. 예전에는 내 능력으로 불가능하다고 생각했던 일들이 하나씩 하나씩 이루어지면서, 돌파하고 정복하는 기적의 인생이 되는 것이다. 그래서 10년 할 것을 2~3년 만에 해낸다. 30년에 할 것을 10년, 5년 안에 해내는 기적을 보게 된다. 이것이 하나님의 지팡이를 잡은 사람들에게 주어지는 특별한 선물이다.

잠자는 부르심을 깨워라

"준마 꼬리에 붙은 파리가 천 리를 달린다!"
파리는 천 리를 날 수 없지만, 준마 꼬리에 붙었더니 천 리를 날았다는 말이다. 항우를 무찌르고 중국을 통일했던 한(漢) 고조 유방. 그를 도왔던 사람들은 한때 파리 떼같이 보잘것없는 인생을 살았다. 그런데 준마 같은 유방을 만나 오랜 세월 함께 대륙을 누비며 대사(大事)를 도모하다 보니, 그들 역시 걸출한 인재로 급성장했다. 큰 꿈과 비전을 가지고 '대의명분(大義名分)'을 외친 유방을 만나지 못했더라면, 그들은 큰일을 해내는 거물로 성장하지 못했을 것이다.

'목동 모세'를 도왔던 사람들도 '잠자던 노예'였다. 그들은 부르심에 대하여 잠자고 있었던 노예였다. 휘날리는 채찍을 이를 악물고 참아내며, 하루하루를 죽지 않으려고 발버둥쳤다. 그야말로 꿈도 목표도 없던 하루살이 인생이었다. 그런데 이 쓸모없는 난민 집단이 모세라는 걸출한 영적 지도자를 만나면서 확 달라졌다. 그들의 잠자던 심장이 뛰기 시작했고, 역사에 획을 그은 위대한 인물로 급성장했다. 물론 하나님이 주신 부르심, 그리고 개인적인 꿈과 소망도 다 이루었다.

'기생의 아들 입다'를 도왔던 사람들도 잠자던 잡류였다.(삿 11:3) 그들은 부르심에 대하여 잠자고 있었다. 성경은 그들을 허영심이 강한 사람들vain men, KJV, 가치가 없는 사람들worthless men, NKJV, 반란의 무리, 악당 패거리a large band of rebels, NLT라고 말한다. 못된 짓이나 골라하며, 하루하루를 아무 의미 없이 낭비하는 불한당이었다. 그런데 이런 3류 양아치 집단이 입다를 만나면서 오합지졸의 티를 벗어버리고, 누란(累卵)의 위기에 빠진 이스라엘을 구원하는 최고 정예병으로 급성장했다. 입다가 부르심을 성취하며 이스라엘의 장관이 되는 과정에서 그들 역시 각자의 부르심을 성취하며, 꿈과 소망을 다 이루었다(삿11:11).

'현상 수배범 다윗'을 도왔던 사람들도 잠자던 음지의 패배자들이었다. 그들은 부르심에 대하여 잠자고 있었다. 성경은 다윗의 아비와 형제들의 온 집안이 모였을 뿐만 아니라 환난을 당한 자, 빚진 자, 마음이 원통한 자들이 400명이나 모였다고 했다(삼상 22:1-2). 요즘 속된 말로 찌질이들이었다. 그런데 이 사회 낙오자들이 다윗을 만나면서 시온의 영광이 빛나는 통일 이스라엘의 개국 공신으로 급성장 했고, 대를 이어서 국가의 중추적인 기둥 역할을 했다.

모두 '주변 사람들'이었다. 모세를 통해 부르심에 눈을 뜨고, 목숨 걸고 모세를 도왔던 사람들은 모세 주변에 있었던 '노예들'이었다. 그들은 모세와 함께 출애굽을 하고, 모세와 함께 광야에서 먹고 마시던 사람들이었다. 입다를 통해 부르심에 눈을 뜨고, 목숨 걸고 입다를 도왔던 사람들도 입다 주변에 있었던 '깡패들'이었다. 그들은 돕 땅에서 입다와 함께 먹고 마시며, 입다와 함께 동고동락하며 뒹굴었던 양아치들이었다. 다윗을 통해 부르심에 눈을 뜨고, 목숨 걸고 다윗을 도왔던 사람들은 다윗 주변에 있던 아버지의 가족, 형들의 가족, 그리고 인생 패배자들이었다. 그들은 구구절절한 사정으로 다윗 같은 도망자가 되어, 다윗과 함께 광야와 동굴에서 먹고 마시며 떠돌던 '도망자들'이었다.

모세, 입다, 다윗이 사람을 스카우트한 경우는 없었다. 거금으로 인재를 스카우트하는 것은 좋은 일이지만, 입다와 다윗의 경우는 정말 처절했다. 입다의 팀과 다윗의 팀은 가진 돈도 없었고, 조직도 크지 않았다. 배운 사람도, 기술 있는 사람도, 꿈과 비전도 없었던 사람들이다. 사실 이런 사람들은 아무리 많아도 짐만 될 뿐, 도움이 되지 않는다. 단 1명도 리더에게 도움이 될 만한 사람은 없었다.

그러나 '하나님의 지팡이'를 잡은 사람에게는 '잠자는 부르심'을 깨우는 기름부음이 있다. 그래서 조직의 내일을 운운할 수 없는 최악의 상황에서 입다는 '양아치 대장'이 되고, 다윗은 '거지 왕초'가 되어 그 거지 떼를 먹여 살리면서 그들을 훈련시켰다. 다윗과 입다가 부르심에 눈을 뜨니 한 줌밖에 안 되는 추종자 전원이 위대한 인물로 성장하여, 한 국가를 들었다 놨다 했다.

지금 이 순간에도 당신의 조력자들이 잠자고 있을지도 모른다. 당신이 정복할 수 없었던 산을 쉽게 정복하도록 도와줄 이들. 비록 그들의 지금이 하찮다 하더라도 당신이 하나님의 지팡이를 바로 잡는다면, 그들은 순식간에 변화될 것이다. 그들 안에 잠자고 있던 거룩한 부르심이 일어날 것이며, 그들 안의 무한한 가능성이 빛을 발할 것이다. 하나님의 지팡이를 잡은 당신을 통해 잠자던 수많은 부르심이 위대한 변화를 만들어갈 것이다.

사명은 우리를 위대하게 만든다.
사명을 깨달으면 흥분하게 되고, 사명을 붙잡으면 질주한다.
사람이 사명에 붙잡히면, 도시와 국가를 이끌게 된다.

그 놀라운 것을 붙잡았는데,
어찌 흥분하지 않고 미치지 않을 수 있겠는가?
사명을 잡아서 미친 사람은 매우 정상적인 사람이다.
사명을 잡았는데 미치지 않은 사람이 정말 미친 사람이다.

'사명(使命)'을 붙잡는 사람마다 거룩한 '광인(狂人)'이 된다.

6장

부르심에 거룩하게 미쳐라

좁은 리더 vs 넓은 리더

시야가 넓어야 인생이 넓어진다. 시야가 좁은 운전자는 운전이 서툴며, 운전을 즐기지도 못한다. 몸을 핸들 쪽으로 바짝 당겨 앉으니 좌우의 사이드미러를 자유롭게 볼 수 없다. 좌우 후방에서 빠른 속도로 다가오는 차들을 볼 수도 없어 차선 변경에 서툴러 항상 느림보 운전이다. 갈 길이 멀어도 시간이 촉박해도, 항상 느릿느릿 갈 수밖에 없다. 후방 전체를 볼 수 있는 시야가 전혀 없기 때문에 같은 목적지를 향해 이동하는 차들이 잘 따라오고 있는지 확인할 수도 없고, 차들을 앞에서 인도할 수도 없다. 핸들을 힘껏 잡으니 운전만 하면 어깨와 팔, 목이 피곤하다. 경직되고 피곤해 드라이브의 즐거움을 전혀 알 수가 없다.

차 운전자의 시야가 좁은 것처럼, 조직을 이끄는 리더의 시야가 좁다면 어떤 일이 일어날까? 고속도로에 시야가 좁은 운전자가 앞에서 달리면, 뒤에서는 까닭 없이 정체 현상이 일어난다. 조직의 과거, 현재, 미래와 조직 전체를 바라보는 리더의 시야가 좁으면, 따라가는 조직원들은 성장 속도가 매우 더뎌질 수 있다. 눈 씻고 봐도 팍팍 성장하는 조직원이 보이지 않는다. 그러니 당연히 성과 또한 형편없다.

시간이 지나면서 리더와 조직원들은 "원래 가정은 성장 속도가 느리다.", "원래 교회는 성장 속도가 느리다.", "원래 기업은 성장 속도가 느리다.", "원래 국가는 성장 속도가 느리다."는 거짓 믿음을 진실로 받아들인다. 그리고 가속도, 급성장, 폭발, 팽창 같은 역동적인 개념은 머릿속에서 영원히 지워버린다. 지워버렸기 때문에 그것들을 추구하지도 도전하지도 않게 되고, 그래서 그것을 평생 경험해 보지도 못한다. 이들은 내부에만 시야가 좁은 것이 아니라 외부를 향해서도 시야가 좁아져 다른 가정, 이웃 교회, 경쟁 기업, 경쟁 국가들이 본인들을 추월하며 저 앞으로 질주하는 것도 보지 못한다. 그래서 "원래 ○○는 성장 속도가 느리다!"는 믿음이 점차 신념으로까지 발전한다. 참으로 안타까운 일이 아닐 수 없다.

시야가 넓은 사람만 리더가 되는 것이 아니다. 시야가 좁은 사람도 시간이 가고, 나이가 들면서 리더가 된다. 기업의 리더까지는 아니어도 작은 부서의 리더가 되거나, 하다못해 가정에서 부모가 된다. 시야가 좁은 사람은 시야가 좁은 리더가 된다. 그리고 시야가 좁은 조직원들을 재생산하여, 시야가 좁고 느린 조직을 만든다.

시야가 넓은 사람은 시야가 넓은 리더가 된다. 그리고 시야가 넓은 조직원들을 재생산하여 시야가 넓고 빠르게 성장하는 조직을 만든다. 그리고 그 조직은 많은 성장과 열매, 승리를 경험하면서 교계와 사회와 국가에 크게 이바지한다. 그런 리더가 가정과 교회, 사회와 세상을 변화시킨다.

시야가 넓었던 요셉

죄수 요셉은 시야가 넓었다. 죄수 요셉이 시야가 좁았다면, 자기 자신만 바라보는 작은 사람이 되었을 것이다. 자기 자신을 바라보는 사람은 불평, 불만, 핑계로 일관하여 평생 어둠을 뚫고 나오는 돌파를 경험하지 못한다. 스스로 만든 밑바닥 인생, 동굴 인생, 감옥 인생을 산다. 비록 동굴 문이 열려 있고, 감옥의 자물쇠가 풀려 있어도 말이다.

시야가 넓은 사람은 타인을 볼 수 있다. 본인도 어려운 환경에 처했지만, 더 어려운 사람이 보인다. 내 손에 가진 것이 별로 없지만, 나의 도움이 필요한 사람이 보인다. 이렇게 시야가 넓은 사람은 어느 환경에 놓여도 리더가 되어서 어려운 사람을 도우며, 그 조직의 '장(長)'이 된다. 이런 사람은 평생 돌파와 성장, 영광을 경험하며 그를 따르는 조직원에게도 그러한 복이 임한다.

죄수 요셉은 시야가 넓었기 때문에, 그 절망스러운 상황에서도 '자기 연민의 덫'에 빠지지 않았다. 오히려 그보다 더 어려운 사람들이 눈에 들어왔다. 교도소가 세워진 역사 이후로, 어떤 죄수도 다른 죄수의 형편이 눈에 들어오지 않았을 텐데 참 놀라운 일이다.

더 놀라운 것이 있다. 강간범으로 몰려 죄수가 된 히브리 노예 주제에 초강대국의 주인인 애굽의 바로를 근거리에서 섬긴 권력의 실세 중의 실세를 도왔다는 사실이다. 꿈쟁이라서 이렇게 된 것이 절대 아니다. 요셉이 시야가 넓어 마음이 넓어서이다.

   [5] 옥에 갇힌 애굽 왕의 '술 맡은 자'와 '떡 굽는 자' 두 사람이 하룻밤에 꿈을 꾸니 각기 그 내용이 다르더라 [6] 아침에 요셉이 들어가 보니 '그들에게 근심의 빛이 있는지라' [7] 요셉이 그 주인의 집에 자기와 함께 갇힌 바로의 신하들에게 묻되 어찌하여 오늘 '당신들의 얼굴에 근심의 빛이 있나이까'(창 40:5-7)

   자기 사명에만 집중하는 이기적이고, 소심하고, 시야가 좁고, 마음이 좁은 소인배들은 절대 요셉같이 반응할 수 없다. 그러니 그런 절호의 기회도 찾아오지 않는다. 요셉은 타인의 사명에도 관심을 갖고 성실히 도와주는 넉넉한 마음과 아량이 있었다. 그 때문에 훗날 애굽 총리가 되어서도 애굽의 사명뿐만 아니라, 타국의 사명에도 관심을 둘 수 있었다. 그리하여 중동의 여러 국가와 민족 중에 어느 나라도 7년 흉년에 멸망하지 않았고, 각 국가의 백성이 굶어 죽지 않을 수 있었다. 가난하고 힘없는 사람들의 사명을 소중히 여기고, 그들의 사명이 성취되도록 시간과 재정, 에너지와 달란트를 아낌없이 사용하는 사람들. 그들은 훗날 작고 가난한 도시가 그 도시의 사명을 성취하도록 도우며, 더 나아가 서러운 약소국가가 그 국가의 사명을 성취하도록 돕는 위대한 사람이 된다. 모세, 여호수아, 입다, 다윗, 바울처럼 말이다.

사실 요셉이 처음부터 시야가 넓었던 것은 아니다. 요셉은 시야가 좁은 사람으로 자랐다. 10대 청소년이었을 때는 오직 자기 사명만 눈에 보였고, 자기 사명이 가장 중요하다고 생각했다. 그래서 형들의 입장이나 형들의 감정 따위는 눈에 들어오지도 않았고, 느껴지지도 않았다. 성경에는 요셉의 꿈 자랑이 2번만 나오지만, 만약 노예로 팔려가지 않았다면 다른 사람의 사명을 조금도 깨닫지 못한채 평생 자랑만 했을 것이다. 결국 더욱 교만하고, 더욱 강퍅해졌을 것이다.

[6] 요셉이 그들에게 이르되 '청하건대 내가 꾼 꿈을 들으시오' [7] 우리가 밭에서 곡식 단을 묶더니 '내 단은 일어서고 당신들의 단은 내 단을 둘러서서 절하더이다' [8] 그의 형들이 그에게 이르되 네가 참으로 우리의 왕이 되겠느냐 참으로 우리를 다스리게 되겠느냐 하고 '그의 꿈과 그의 말로 말미암아 그를 더욱 미워하더니' [9] 요셉이 다시 꿈을 꾸고 그의 형들에게 말하여 이르되 '내가 또 꿈을 꾼즉 해와 달과 열한 별이 내게 절하더이다' 하니라 [10] 그가 그의 꿈을 아버지와 형들에게 말하매 아버지가 그를 꾸짖고 그에게 이르되 네가 꾼 꿈이 무엇이냐 나와 네 어머니와 네 형들이 참으로 가서 땅에 엎드려 네게 절하겠느냐 [11] '그의 형들은 시기하되' 그의 아버지는 그 말을 간직해 두었더라(창 37:6-11)

'하나님께서 나에게 참 좋은 꿈과 귀한 사명을 주셨구나! 형님들도 귀한 분들인데, 어떤 꿈을 꾸셨을까? 형님들에게는 어떤 사명이 있을까?'

사람이라면 최소한 이 정도 생각은 할 수 있었을 텐데, 너무 과한 사랑을 받은 요셉은 죽었다 깨어나도 그것이 불가능했다. 이처럼 시야가 좁은 사람은 자기 사명에만 관심이 있다. 그래서 사람이 시야가 좁으면, 큰 고생을 한다. 시야가 좁았던 요셉은 결국 노예와 죄수가 되어 큰 고생을 했다. 급기야 자기 사명이 절대로 이루어질 수 없는 처절한 상황이 되고 나서야, 내 사명이 아닌 타인의 사명이 눈에 보이기 시작했다.

고난을 과하게 받으면 시야가 넓어질 가능성이 높아진다. 시야가 좁은 사람은 시야가 넓어지는 데 필요한 만큼의 고생을 하게 된다.

"성도의 사명을 이루어줘야지!"

나는 청년들을 싫어했다. 자기주장과 겉멋이 강해 말을 듣지 않아서였다. 어린이들은 더 싫어했다. 애들은 너무 시끄러워서 예배와 설교 시간에 방해만 될 뿐이라 딱 질색이었다. 그런데 하나님은 어린이와 청년들에 대한 나의 견고한 편견을 천천히 허물어 가시면서 나에게 어린이와 청소년, 청년들을 맡기셨다.

어느 시점부터 매달 어린이 교회가 개척되었다. 나는 어린이도 싫어하고 빈민가도 싫어했지만, 빈민가의 어린이들을 제일 싫어했다. 그런데 빈민가에 '어린이 교회'가 점점 많아지니 하릴없이 방문 횟수가 조금씩 늘게 되었다. 특히 우리와 동역하는 한국 교회들은 필리핀에 오면 마닐라 지교회들을 방문하길 원하는데, 그중에서도 어린이 교회는 단연 인기였다. 많은 어린이를 맡겨주신 하나님께 감사했지만, 솔직히 말하면 내가 어린이들의 인생과 미래를 위해서 딱히 무엇을 해야겠다고 결심한 적은 없었다. 그저 가끔 어린이 교회를 방문해서, 아이들이 예배드리고 뛰노는 것을 흐뭇하게 바라보는 것만으로도 나는 최선을 다 했다고 자부했다.

어느 날이었다. 다른 날과 마찬가지로 의례상 어린이 교회를 방문했다. 그런데 무슨 영문인지 그날 따라 아이들이 매우 딱해 보였다. 아이들의 과거와 현재가 참 안타까웠지만, 그보다 더 안쓰러운 것은 아이들의 미래였다.

빈민가 어린이들은 늘 만나는 대상이 정해져 있다. 자신과 같은 처지의 빈민가 어린이, 마약과 본드에 중독된 청년, 그리고 술 취해 싸우는 어른들이다. 그래서 비교 대상이 도시의 어린이가 아니라, 눈앞에 보이는 자기와 비슷한 처지의 빈민가 어린이다. 그러니 본인이 얼마나 불쌍한지 모른다. 그 쓰레기 더미에서 헤쳐 나와야 하는 필요성을 느끼지도 못하고, 사람이 사람다운 삶을 살기 위해서는 공부가 얼마나 중요한지 깨달을 수도 없다. 그래서 그들의 미래가 더욱 암울하다. 아이들이 보고 듣고 자란 곳이 빈민가인지라, 미래 배우자도 빈민가 출신일 가능성이 높다. 그들의 자녀 역시 빈민가 어린이가 될 가능성이 매우 높다.

어떤 사람들은 가난이 아름답다고 한다. 나는 잘 모르겠다. 사랑하는 성도들이 가난에서 허우적거리는 것을 볼 때, 지독한 가난은 '저주'라는 생각이 들었다. 한 세대가 지독히 가난해지면 다음 세대도 그 늪에서 빠져나오질 못하니, 지독한 가난은 저주 중의 저주일 수 있다. 혹 "나도 가난한데, 나도 저주받았다는 것인가?"하고 화내지 마시길. 우리 성도들의 가난은 한국인의 상상을 초월하는 가난이다.

과거와 현재가 암울해서 불쌍한 것이 아니라, 미래가 암울할 것이기에 불쌍하다. 내가 우리 아이들을 조금씩 예뻐하고는 있었지만, 내 머리로 아무리 생각해봐도 아이들이 밝은 미래의 주인공이 될 것으로 보이지는 않았다. 그때 이런 생각이 들었다.

'저 아이들이 공부를 못하는 것은 기회가 없어서이지 않을까? 하나님께서 도시 아이들은 모두 똑똑하게 창조하시고, 빈민가 아이들은 모두 멍청하게 창조하신 것은 아닐 텐데? 그렇다면 빈민가에도 똑똑한 아이가 있지 않을까?'

'하나님은 모든 사람에게 놀라운 계획을 갖고 계신다. 하나님이 인간에서 주시는 부르심은 인간 수준이 아닌 하나님의 수준이라서, 모든 사람의 부르심은 위대하고 웅장하다. 그렇다면 빈민가에도 어마어마한 부르심을 가진 아이들이 존재하지 않을까? 여기에서도 목사, 선교사, 대통령, 장관, 국회의원, 외교관, 군 장성, 의사, 교수, 판사, 검사, 변호사, 선생님, 작가, 사업가와 같이 많은 사람의 인생에 선한 영향력을 행사하는 사람들이 나올 수 있지 않을까?'

신발도, 바지도, 팬티도 입지 않은 채 열심히 박수를 치는 한 아이를 보면서 이런 생각에 빠졌다. 그 순간 아이들의 밝은 미래를 위해서, 아이들의 위대한 사명을 위해서, 내가 무슨 짓이라도 해야겠다고 결심했다. 아이들이 비록 10대를 세상에서 가장 엉망으로 살았어도, 지금부터 뭔가를 꾸준히 시도해서 20대에는 또래 아이들을 따라잡아야 한다. 그러면 30대에는 세상 아이들을 앞지르기 시작하여, 40대부터는 빛과 소금의 역할을 능히 감당할 수 있을 것이다. 20대에 빈민가 수준을 벗어나지 못하면, 이들은 가난을 입은 채로 결혼할 것이다. 진흙더미에서 자녀를 낳을 것이고, 결국 대를 잇는 가난의 저주에서 영원히 탈출할 수가 없다. 20대에 또래의 도시 아이들을 따라잡으려면, 당장 무엇이라도 빨리 시작하는 것이 좋을 것 같았다. 그래서 시작한 것이 '필립 장학금'이다.

첫째, 아이들에게 '잠언 쓰기'를 시켰다. 세상에서도 성공하고 부르심에도 성공하려면, 지혜가 제일이다. 성경 66권 모두가 지혜의 책이지만, 그중에도 잠언이 최고다. 그 아이들은 가정이 깨져서 부모가 없고, 학교를 못 다녀서 선생님도 없다. 그러니 "정직해라! 성실해라! 부지런해라! 청소해라! 예의를 갖춰라! 공부해라!"와 같은 꼭 들어야 할 잔소리를 해 줄 사람이 없다. 그러나 잠언에는 그런 모든 말씀이 담겨있다. 또 잠언은 31장으로 이루어져서 하루에 1장씩 쓰면 된다. 1일에는 1장을, 10일에는 10장을 쓰면, 1달에 잠언을 1번 쓸 수 있고, 1년이면 12번 쓸 수 있다. 초등학교 6년간 잠언을 72번 쓰고, 고등학교를 졸업할 때까지 140번을 쓰면, 아이들이 잠언 말씀에 세뇌될 거라 믿었다. 그러면 마약, 본드, 문신, 교도소를 멀리하여 탈선의 길을 걷지 않고, 오직 여호와를 경외하여 곧고 정직하게 자랄 것이라 확신했다. 그래서 153개 어린이 교회 사역자들에게 지시를 내렸다. 교회마다 예배를 열심히 드리고, 지각이나 결석을 하지 않고, 똑똑하며 순종적인 아이들 2~3명씩 골라 그들에게 잠언을 쓰게 했다.

'**지혜가 제일이니 지혜를 얻으라**' 네가 얻은 모든 것을 가지고 명철을 얻을지니라(잠 4:7)

둘째, '수입의 1%씩 부모님께 용돈 드리기' 운동이다. 우리 성도들이 땅에서 장수하고 복을 받으려면, 약속 있는 첫 계명인 '네 부모를 공경하라'(출 20:12)에 순종해야 한다. 한데 필리핀도 핵가족화가 되어 가는 중이라 부모-자식 관계가 예전 같지 않다. 우리 성도들이 복을 받아야 하기에, 나는 '부모를 공경하라!'는 설교를 꽤 하는 편이다. '부모 공경' 설교를 할 때마다 나 자신이 부끄러워 상당히 비통하지만, 가난한 우리 성도들을 위해 나를 부인하고 강단에서 담대히 설교한다. 우리 딸도 수입의 1%씩을 나와 아내에게 용돈으로 준지 꽤 오래되었다. 그런데 결혼한 성인의 경우, 배우자의 부모님까지 합하여 부모가 최대 4명이다. 하여 나는 수년째 수입의 4%를 양가 부모님께 드리고 있으며, 성도들에게 '부모님께 드리는 용돈' 만큼은 떳떳하게 설교하고 있다. 그래서 나의 성도들도 비록 가난하지만, 부모님을 물질로 섬기고 있다.

> 너는 네 하나님 여호와께서 명령한 대로 '네 **부모를 공경하라**' 그리하면 네 하나님 여호와가 네게 준 땅에서 '네 **생명이 길고 복을 누리리라**'(신 5:16)

그런데 육의 부모만 소중한가? 나는 성도들에게 '3부(父)'를 가르친다. 육적인 아버지, 영적인 아버지, 하늘 아버지다. 그래서 우리 성도들은 나에게 용돈을 준다. 나를 사랑하고 존경하는 마음으로 수입의 1%를 매달 나에게 용돈으로 주면서, 더 드리지 못해 죄송하다며 안타까워한다. 너무 감사할 뿐이다.

셋째, 나의 '필립 장학금'이다. 2013년 중순부터, 우리는 사도 바울이 말한 '과부 명부'를 만들어 수십 명의 어르신을 매달 후원하고 있다. '과부 명부'를 관리하는 사역자가 '필립 장학금'도 함께 관리한다. 그래서 성도들이 나에게 주는 1%의 용돈은 내 손에 들어오지 않고, 바로 '섬김 통장'으로 직행해 '잠언 쓰기'를 하는 빈민가 어린이들에게 '필립 장학금'으로 지급된다. 가난한 성도들이 1%씩 모아도 큰돈이 못 되니 사실 '필립 장학금'은 항상 재정이 부족하다. 그래서 아이들에게 매달 1만 원도 겨우 후원하고 있지만, 하나님을 경외하며 예배를 열심히 드리고 성경 말씀을 사랑하면, 버려진 아이들에게도 반드시 기회가 온다는 것을 말해주고 싶었다. 중부 지방 섬 지역 아이들에게는 1만 원은 큰돈이다. 그래서 아이들이 매달 말까지 '잠언 쓰기'를 보내려고, 하루에 2장씩 써서 보름 만에 1달 치를 끝내 소포로 본교회에 보낸다. 그런데 매주 2~3개씩 교회가 개척되고 있으니, 필립 장학금 통장의 재정은 부족해도 너무 부족하다.

빈민가 아이들은 매일 잠언을 쓰면서 지혜와 명철이 생기니 좋고, 성도들은 영적 부모에게 효도해서 복을 받을 테니 좋고, 나는 아이들에게 장학금을 주어 아이들의 미래를 열어 주어 좋다. 어린이들은 "나도 어른이 되면, 우리 목사님처럼 가난한 아이들에게 꿈과 희망을 주는 사람이 되어야지! 그리고 반드시 성공해서 하나님의 은혜를 갚아야지!"라고 아름다운 결단을 해서 좋고, 성도들은 "우리 목사님이 저렇게 성도들을 사랑하고, 지혜롭게 일을 하시는구나!" 하면서 나를 더 사랑하고 존경해서 좋다. 그리고 사역자들은 본인이 사역하는 교회의 어린이들이 후원을 받아서 기쁘다. 하나님께서 지혜를 주셔서 별것 아닌 돈으로 모두가 행복할 수 있고, 교회가 더욱 한몸이 되어 부르심을 향해 달려갈 수 있게 되었다. 할렐루야!

나는 이를 계기로 어린이와 청소년, 청년뿐만 아니라 모든 성도의 부르심에 매우 진지한 관심을 갖게 되었다. 성도들의 부르심에 관심을 갖고 묵상을 할수록 깨닫는 것들이 많아졌다.

첫째, 나를 '목자'로, '영적 아버지'로 여기며 따라오는 모든 성도의 부르심에 대하여 나는 신성한 '의무'와 막중한 '책임'이 있다. 둘째, 모든 성도의 '천국 영생' 복락과 '지상 사명' 성취를 위하여 하나님께서 나를 부르셨다. 셋째, 모든 성도가 사명을 훌륭히 성취하도록, 잘 인도하는 것이 나의 핵심 사명 중의 하나이다. 그러므로 내가 개인적인 사명을 성취했다 하더라도 성도들의 사명이 성취되지 않으면, 나의 사명은 실패한 것이며 나는 사명에 실패한 사람이다. 이렇게 우리의 부르심은 서로 연결되어 있다.

2018년 2월, 우리 PCC 지교회는 네그로스 섬Negros Islands을 방문했다. 카우아얀 네그로스 옥시덴탈Cauayan Negros Occidental 지역에서 야외 농구장을 빌려서 저녁 집회를 2일간 했는데, 첫날 200명, 둘째 날 400명이 모였다. 그 지역의 필리핀중앙교회의 지교회 목사들 외에도, 멀리서 여러 교회의 목회자가 성도들을 데리고 집회에 참석했다. 1년 전, 우리 전도사 3명을 보내서 낮에는 '목회자 세미나'를, 밤에는 '신유 집회'를 했다. 그래서 그들은 우리를 익히 알고 있었고, 이번에도 큰 은혜를 기대하고 있었다. PCC 담임 목사인 내가 온다는 소식에 그들은 내 설교와 사역에 매우 큰 기대를 했고, 나도 그 섬에는 처음이라 농구장 집회를 꼭 인도해 보고 싶은 마음이 있었다.

그러나 나는 '바울 전도사(남)'와 '아셀 전도사(여)'를 하루씩 강대상에 세웠다. 사람들은 내가 2일 모두 설교와 사역을 할 줄 알았기 때문에 내 결정에 매우 놀라워했다. 우리 사역자들과 신학생들, 그리고 한국에서 온 '새로운 교회'도 놀랐고, 담임 목사가 회중들 가운데 앉아 있는 상황에서 설교와 집회를 이끌어야 하는 두 전도사도 적잖이 당황해 했다. 참석했던 지역 목사님들은 PCC 담임 목사님도 왔다는데, 왜 그분이 설교하지 않으시냐며 의아해했다.

바울과 아셀 전도사는 현재 3~4개 도시에서 약 60개 지교회를 감독하고 있다. 이들이 훗날 100개, 1,000개 교회를 감독하는 걸출한 사역자로 성장하기 위해서는 이런 대중 집회에 익숙해져야 한다. 또 많은 섬을 다니며 목회자 세미나로 지교회 목회자들을 깨우고, 대형 집회로 불신자들을 이끌 사역자라면 더욱 그렇다.

내가 하고 싶은 것, 내가 원했던 것, 내가 오랫동안 계획하며 기다린 것, 내가 오래 기도했던 것, 당연히 내가 할 것이라고 사람들이 믿고 기대하는 어떤 것을 내 밑의 사역자에게 넘겨주는 것은 쉬운 일이 아니다. 그것도 언제 다시 그 기회가 올지 모르는 것이라면 더욱 그렇다. 그러나 나는 '백성의 부르심'을 이뤄주는 것이 모세의 역할이며, 그것이 '모세의 부르심'을 이루는 길이라고 믿었다. 그렇기에 아까워하거나 아쉬운 마음은 티끌도 없이 즐거운 마음으로 그 기회를 전도사들에게 넘겨주었다. 두 사역자가 강단을 누비며 불을 토하는 것을 회중 가운데 앉아서 흐뭇하게 지켜보면서, 그들이 각자의 부르심을 향해 한 걸음 성큼 다가가는 모습에 감격했다. 그리고 두 전도사가 '하나님의 지팡이'를 잡은 이후로 헤아릴 수 없이 수많은 지교회와 사역자들이 '지팡이 효과'로 일어서는 거대한 미래를 상상하며, 주체할 수 없는 큰 흥분에 휩싸였다.

마닐라로 돌아오자마자 아셀 전도사는 지교회 사역자들을 모아서 파식 시Pasig City에서 과감하게 야외 집회를 시도했다. 많은 사역자와 성도들이 길거리를 누비며 불신자들을 초청했고, 동 사무소에서 빌린 야외용 텐트 아래서 '전도 집회' 겸 '신유 집회'

를 열었다.

매달 1회씩 열리는 '파식 집회'에는 지금도 수백 명의 불신자가 마을 공터에 옹기종기 모여 앉아서, 큰 은혜를 받으며 예수님을 만나고 있다. 집회를 섬겼던 청년들이 성장하여 교회를 개척하는 사역자가 되었고, 사역자들은 돌아가면서 설교하며 대중 집회를 인도하는 전도자와 부흥사를 꿈꾸게 되었다.

나는 조금 희생했을 뿐인데, 이렇게나 엄청난 열매가 열렸다.

'아! 그때 길을 터주지 않았다면, 어쩔 뻔했나?'

가끔 이런 생각이 들 때면 나도 모르게 아찔해진다.

이렇게 백성의 부르심의 성취를 위해 희생하면서 부지런히 길을 터주는 모세에게는, 엄청난 지경의 확장이 보너스처럼 주어진다.

"저들의 사명을 이루어 주어야지!"

"저들에게 산이 되어 주어야지!"

"저들에게 배경이 되어 주어야지!"

사명에 대해 깊이 깨달을수록 성도들이 사명을 완수할 수 있도록 내가 온힘을 다해서 도와야겠다는 생각이 들었다. 예전에는 '나의 사명'을 이루는데 전력을 다했다면, 이제는 '성도들의 사명'을 이루는데 전력을 다하는 사람으로 바뀌었다. 예전에는 나의 사명을 향해 한 걸음씩 나아갈 때 기뻤지만, 이제는 성도들이 각자의 사명을 향해 전진할 때가 더욱 기쁘고 행복하다. 성도들이 사명을 성취하도록 돕는 목자로 사는 것이 참 행복하다.

  마음이 넓어야, 시야가 넓어진다. 그리고 시야가 넓어진 만큼 행복하다.

"모세의 사명을 이루어 드려야지!"

우리의 사명은 타인을 섬기는 것이다. 타인을 섬기는 데는 여러 방법이 있지만, 그중에 제일은 그들의 영혼을 천국으로 인도하는 것이고, 그다음은 그들이 이 땅에서 사명을 이루도록 돕는 것이다. 그것이 우리의 사명이다.

  타인의 사명에 관심이 적으면, 자기 사명에 성공할 가능성이 매우 낮다. 성도가 다른 지체의 사명에 관심이 적으면, 자기 사명에 실패할 가능성이 매우 높다. 하물며 성도가 '자기 모세의 사명'에 관심이 없다면, 그가 어찌 자기 사명을 이루겠는가.

  시야가 넓으면, 타인의 부르심이 보인다. 시야가 좁고 이기적인 사람의 눈에는 자기 부르심만 보일 뿐, 타인의 부르심이 보이지 않는다. 사람이 극도로 시야가 좁고 심히 이기적으로 변질되면, '나의 모세의 부르심'마저도 보이지 않게 된다. 그런데 이기적인 사람, 자기 사명만 보이는 사람, '나의 모세의 사명'이 보이지 않는 사람, 그런 사람들이 어떻게 큰 복 받을 수 있을까? 그런 사람들이 과연 자기 사명은 제대로 이룰 수 있을까?

　본인 스스로 만든 꿈보다 하나님께서 주시는 부르심을 더 사랑하지 않으면, 자기 부르심을 이룰 수 없다. 자기 부르심보다 리더의 부르심을 더 사랑하지 않으면, 자기 부르심을 이루지 못할 가능성이 매우 높다. 그리스도의 몸인 '교회의 부르심'과 교회를 지도하는 '모세의 부르심'보다 '자기 부르심'을 앞세우는 이기적인 성도를 하나님께서 힘껏 도우실 리 만무하기 때문이다.

'아론의 부르심'의 특이한 구조

아론의 진정한 부르심은 무엇일까? 아론의 부르심은 대제사장이 되어서 이스라엘 백성들의 제사를 관장하는 것처럼 보인다. 하지만 사실 아론의 가장 중요한 부르심은 모세를 도와서, 모세의 부르심을 같이 이루는 것이었다. 아론이 대제사장으로 세워지기 전에는 그저 평범한 노예였다. 하나님은 아론이 대제사장이 아닌 평범한 노예였을 때에 부르셨는데, 하나님이 아론에게 처음 맡기신 중책은 모세를 돕는 것이었다.

[14] 여호와께서 모세를 향하여 노하여 이르시되 레위 사람 네 형 아론이 있지 아니하냐 그가 말 잘 하는 것을 내가 아노라 그가 너를

만나러 나오나니 그가 너를 볼 때에 그의 마음에 기쁨이 있을 것이라 15 '너는 그에게 말하고 그의 입에 할 말을 주라' 내가 네 입과 그의 입에 함께 있어서 너희들이 행할 일을 가르치리라 16 '그가 너를 대신하여 백성에게 말할 것이니 그는 네 입을 대신할 것이요' 너는 그에게 하나님 같이 되리라(출 4:14-16)

아론이 처음 성경에 등장한 구절이다. 아론은 처음부터 모세의 대변인으로 하나님께 부름 받았다. 80세의 모세는 애굽 언어와 히브리 언어가 모두 어설펐다. 미디안 광야에서 40년간 양을 쳤으니 40년간 애굽 왕궁에서 사용한 애굽어가 가물가물 했을 것이고, 피는 유대인이었지만 히브리어가 모국어는 아니었을 테니 히브리어는 더 가물가물 했을 것이다. 모세는 애굽으로 돌아가면 히브리어를 구사해서 이스라엘 민족에게 출애굽의 필요성을 역설하며 그들을 지도해야 했다. 동시에 애굽어도 구사하여 애굽의 바로와 정상 회담도 해야 했으니, 양쪽 언어를 능수능란하게 구사하는 전문 통역관이 필요했다. 모세는 하나님께서 그런 상황을 다 아실 거라 믿었다. 그러니 굳이 구구절절하게 설명할 필요가 없었다. 간단하게 "입이 뻣뻣하고 혀가 둔하다"고 말했다.

모세가 여호와께 아뢰되 오 주여 '나는 본래 말을 잘 하지 못하는 자니이다' 주께서 주의 종에게 명령하신 후에도 역시 그러하니 '**나는 입이 뻣뻣하고 혀가 둔한 자니이다**'(출 4:10)

아론은 첫째로 모세의 통역관 같은 '대변인' 역할을 감당했고, 둘째로 모세의 '부사역자' 혹은 '중보 기도자' 역할을 감당했다.

모세의 팔이 피곤하매 그들이 돌을 가져다가 모세의 아래에 놓아 그가 그 위에 앉게 하고 '**아론**'과 훌이 한 사람은 이쪽에서, 한 사람은 저쪽에서 '**모세의 손을 붙들어 올렸더니**' 그 손이 해가 지도록 내려오지 아니한지라(출 17:12)

셋째로 '대제사장' 역할을 감당했지만, 그 역시 모세의 커다란 사역 안에서 한 부분을 맡아 모세의 사역과 사명이 잘 돌아가도록 하는 보조 역할이었다. 그러므로 아론이 했던 모세의 대변인, 모세의 부사역자, 모세의 중보 기도자, 모세 아래에서 대제사장까지 이 모든 사명과 역할은 결국 모세의 사역을 돕는 것이다. 다시 말해 아론은 '모세를 돕는 자'다. 개역한글 성경에서 여호수아가 모세를 돕는 '종자'였던 것처럼 말이다.

모세가 그 '**종자**' '**여호수아**'와 함께 일어나 하나님의 산으로 올라가며

(출 24:14, 개역한글)

'종(從, 따를 종)', '자(者, 놈 자)'. '상전을 따라다니며 시중드는 사람'이라는 뜻이다. 다시 말해 여호수아는 항상 모세를 졸졸졸 따라다니며 시종을 들었던 '종놈'이었다. 이스라엘의 첫 전투인 아말렉 전투에서 등장한 여호수아는 이스라엘 60만 대군을 책임지는 총사령관이었지만(출 17:9), 전쟁이 없을 때는 성실히 모세의 종 역할을 감당했다(출 24:13). 심지어 모세가 호렙산에서 십계명을 받을 때 다른 백성은 산 입구에 오는 것도 금지되었지만, 여호수아는 산 중턱까지 모세를 졸졸졸 따라갈 수 있었다.

> 장로들에게 이르되 '너희는 여기서 우리가 너희에게로 돌아오기까지 기다리라' 아론과 훌이 너희와 함께하리니 무릇 일이 있는 자는 그들에게로 나아갈찌니라 하고(출 24:14, 개역한글)

그런데 신기한 것은 모세만 여호수아를 자기 종자로 여긴 것이 아니라(출 24:13), 하나님도 '모세의 종자는 여호수아'라는 희한한 역학 관계를 인정하셨다. 하나님은 모세에게 '군대 사령관 여호수아'라고 말씀하지 않으시고, '너의 종자 여호수아'라고 말씀하셨다. 그 시점은 모세의 40년 사역이 끝나는 시점이었으니(신 1:38), 여호수아가 40년간 군대 총사령관으로 60만을 이끌었지만, '모세의 눈'에나 '하나님의 눈'에나 여호수아는 '모세의 종'이었던 것이다.

'너의 종자' 눈의 아들 '여호수아'는 그리로 들어갈 것이니 너는 그를 담대케 하라 그가 이스라엘에게 그 땅을 기업으로 얻게 하리라

(신 1:38, 개역한글)

여호수아가 군대 총사령관 역할을 감당했으나, 그것은 오직 전시 상황뿐이었다. 그는 광야 40년간 초지일관 '모세의 종'이었다. '모세의 종'을 한 단계 업그레이드시켜서 품위 있게 말하면 '모세의 조력자'다. 그러므로 '여호수아의 사명'은 '모세의 사명'을 돕는 것이다. 즉 2가지 '모세의 사명' 안에 '여호수아의 사명'이 있다. 그리고 가나안을 정복하는 '여호수아의 사명' 안에 헤브론 산지를 정복하는 '갈렙의 사명'이 있었고, '갈렙의 사명' 안에 '유다 지파의 사명'이 있었다.

마찬가지로 아론이 3가지 역할을 감당했으나 한 마디로 설명하면 '모세의 조력자'였으니, 그의 사명 역시 '모세의 사명'을 돕는 것이다. 즉 '모세의 사명' 안에 '아론의 사명'이 있다. 앞서 말한 'A의 부르심 안에 있는 B의 부르심' 같은 구조다. 아론은 레위 지파의 큰 어른이었다(출 6:25). 그렇다면 레위 지파는 아론에게 무엇이었을까? 놀랍게도 레위인은 아론에게 '선물'이었다.

내가 이스라엘 자손 중에서 '레위인'을 취하여 그들을 '아론'과 '그 아들들'에게 '선물로 주어서' 그들로 회막에서 이스라엘 자손을 대

신하여 봉사하게 하며 또 이스라엘 자손을 위하여 속죄하게 하였나니 이는 이스라엘 자손이 성소에 가까이 할 때에 그들 중에 재앙이 없게 하려 하였음이니라(민 8:19, 개역한글)

보라 내가 이스라엘 자손 중에서 너희 형제 '레위인'을 취하여 내게 돌리고 '너희에게 선물로 주어' '회막의 일을 하게 하였나니'
(민 18:6, 개역한글)

하나님은 아론에게 레위인을 선물로 주어, 아론의 사역을 돕게 했다. 레위인은 거룩한 성막에서 제사를 담당하는 위대한 삶을 살도록 구별된 특별한 사람들이었지만, 그것을 한 마디로 표현하면 '아론의 조력자'다. 그리고 그들의 사명은 '아론의 사명'을 돕는 것이다. 그렇다면 모든 레위인은 아론의 사명을 이루기 위하여 동원된 것인가? 그렇다! 레위인은 아론의 사명을 위하여 동원된 일꾼들이다. 다시 말해 '아론의 사명' 안에 '레위인의 사명'이 있다.

'레위 지파의 사명'은 '아론의 사명'을 이루는 것이고, '아론의 사명'은 '모세의 사명'을 이루는 것이다. '모세의 사명' 안에 '아론의 사명'이 있고, '아론의 사명' 안에 '레위 지파의 사명'이 있다. A의 사명은 리더인 B의 사명을 이루는 것이고, B의 사명은 최고 지도자인 C의 사명을 이루는 것이다. 또한 A, B 모두의 사명은 C의 사명을 이루는 것이다. 한몸 된 교회 안에서는, 이렇게 누구에게나 '모세'를 돕는 것이 첫 부르심이다. 이것이 건강한 교회다.

다수의 성도는 '모세의 부르심' 안에 있는 '교회의 부르심'의 원리를 모르는 경우가 많다. 그 때문에 어느 날 필이 딱! 하고 꽂히면, 갑자기 교회를 어느 방향으로 몰아가려 한다. 자기가 옳다고 생각하면 '모세의 부르심'과 전혀 상관없는 것을 주장하고, 자기가 '우리 교회는 이런 사역이 필요해!'라고 느끼면 '모세의 부르심'과 전혀 연결성이 없어도 교회 분위기를 주도해 보려고 목소리를 높인다. 이는 흡사 목자가 양 떼를 동쪽으로 인도하고 있는데, 자기가 목자보다 똑똑한 줄 착각하는 양 한 마리가 벌떡 일어서서 "아니야! 서쪽으로 가야 해!"라고 외치는 것과 같다. 조직의 분위기와 흐름을 바꾸려 하는 이런 황당한 일들이 많은 교회에서 발생하고 있음이 안타깝기만 하다. 양은 '양 짓'을 해야 하고, 목자는 '목자 짓'을 해야 한다. 그런데 양이 '양 짓'을 하지 않고 '목자 짓'을 하려고 한다면, 이제 그 양은 그 목장에서 나갈 때다.

그런데 레위인만 아론이 사명을 이루도록 돕는 것이 아니라, 레위인의 큰 어른인 아론도 레위인들이 사명을 이루도록 도와야 한다. 아론은 레위인들을 가르치고 인도하며, 격려하고 축복해야 한다. 그러므로 최고 지도자인 C의 사명은 구역장인 B의 사명을 돕는 것이고, B의 사명은 평신도인 A의 사명을 돕는 것이다. 교회는 '한 몸'이기 때문에, 우리의 사명은 아래에서 위로 연결되어 있고, 또 위에서 아래로 연결되어 있다. 이것이 진짜로 건강한 교회다.

모든 부르심은 서로 연결되어 있다. 모세가 '아론의 부르심'을 도와야 하고, 아론도 '모세의 부르심'을 도와야 한다. 아론이 '레위인의 부르심'을 도와야 하고, 레위인이 '아론의 부르심'을 도와야 한다. 윗사람은 아랫사람 없이 설 수 없고, 아랫사람도 윗사람 없이 설 수 없기 때문이다.

부르심은 이렇게 수직으로만 연결된 것이 아니라, 수평으로도 연결되어 있다. 아론과 미리암이 대표적이다. 첫 대제사장인 아론은 첫 여선지자인 미리암의 부르심을 도와야 하고, 미리암도 아론의 부르심을 도와야 한다. 르우벤 지파, 갓 지파가 나머지 10개 지파의 가나안 정복을 힘껏 도왔다. 아니 자기 집 건축을 뒤로하고, 자기 목숨까지 내놓고 도왔다. 그랬기 때문에 그들이 원했던 '요단 동편'을 얻을 수 있었다. 인구가 가장 많았던 유다 지파는 전쟁에서 항상 선봉에 섰지만, 인구가 가장 적은 시므온 지파는 단독으로 전쟁을 수행할 능력이 없어서 땅을 얻지도 못하는 처지였다. 가장 정복이 어려운 헤브론 전투를 앞둔 동생 유다(둘째)는 형 시므온(넷째)에게 동역을 제안했고(삿 1:2), 후에 자기 땅을 주었다(수 19:9). 유다가 시므온의 부르심을 돕지 않고는 자기 부르심을 이룰 수 없었고, 시므온이 유다의 부르심을 돕지 않고는 자기 부르심을 이룰 수 없었다. 또한 에브라임 지파와 므낫세 지파도 자기의 부르심을 위해, 또 서로의 부르심을 위해 연합했다(삿 1:22).

시므온 자손의 이 기업은 유다 자손의 기업 중에서 취하였으니 이는 유다 자손의 분깃이 자기들에게 너무 많으므로 시므온 자손이 자기의 기업을 그들의 기업 중에서 받음이었더라(수 19:9)

유다가 그의 형제 시므온에게 이르되 내가 제비 뽑아 얻은 땅에 나와 함께 올라가서 가나안 족속과 싸우자 그리하면 나도 네가 제비 뽑아 얻은 땅에 함께 가리라 하니 이에 시므온이 그와 함께 가니라 (삿 1:3)

요셉 가문도 벧엘을 치러 올라가니 여호와께서 그와 함께 하시니라 (삿 1:22)

아론과 미리암이 남매였고, 르우벤과 갓이 열 지파와 형제였다. 유다와 시므온이 레아의 한 배에서 태어난 형제였고, 에브라임과 므낫세도 한 배에서 태어난 형제였다. 이처럼 부르심은 상하와 좌우가 오묘하게 얽히고설켜 있으므로 자기 것만 먼저 챙기려는 사람, 가까운 형제의 부르심은 안중에도 없는 사람은 절대로 부르심을 이룰 수 없다. 자기 혼자 앞서 나가는 줄 착각하면서, 거미줄처럼 촘촘히 연결된 부르심의 역학 관계를 우습게 여겼다가는 정말 큰코다친다. 형제가 형제의 사명에 무관심하면, 하나님도 그의 사명에 무관심 하다는 것을 결코 잊어서는 안 된다.

'요단 동쪽'은 보너스

가끔 예외적으로, 특이한 열심을 가진 성도가 있다. 하나님과 교회, 담임 목사를 사랑하는데, 모세의 부르심과 상관없어 보이는 교회 밖의 사역에 더 관심이 많은 특이한 성도이다.

○○교회는 독거노인과 장애인 사역을 하지 않는데, 나와 친한 A집사님은 친한 B집사님, C집사님과 함께 조그만 모임을 만들었다. 그리고 독거노인을 찾아가 집을 수리해 드리고, 옷과 이불을 빨아 드리고, 반찬을 정기적으로 드린다. 그뿐 아니라 목소리가 예쁜 D집사님이 책을 녹음해서, 시각 장애인도 신앙 서적을 접할 수 있도록 섬긴다. 그런데 이 일을 교회와 담임 목사는 전혀 모른다. 이들의 선행을 아는 사람이 아무도 없다. 그러니 누구도 이들에게 칭찬과 격려를 하지 않는데도 불구하고, 이들

은 상당한 에너지와 시간, 재정을 헌신하여 이 거룩한 일을 하고 있다.

¹ '르우벤 자손'과 '갓 자손'은 '심히 많은 가축 떼'를 '가졌더라' 그들이 야셀 땅과 길르앗 땅을 본즉 그 곳은 목축할 만한 장소인지라 ² 갓 자손과 르우벤 자손이 와서 '모세'와 제사장 엘르아살과 회중 지휘관들에게 말하여 이르되(민 32:1-2)

⁵ 또 이르되 우리가 만일 당신에게 은혜를 입었으면 '이 땅을 당신의 종들에게 그들의 소유로 주시고' 우리에게 '요단 강을 건너지 않게 하소서' ⁶ 모세가 갓 자손과 르우벤 자손에게 이르되 '너희 형제들은 싸우러 가거늘 너희는 여기 앉아 있고자 하느냐'(민 32:5-6)

르우벤 지파와 갓 지파는 '요단 동편'을 원했다. 하나님은 이스라엘에게 '요단 서쪽의 가나안 지역'으로 들어가서 정복하고 다스리며 충만하게 살라고 명령했고, 모세도 팔을 걷어 부치고 열심히 순종하며 그 일을 진행하고 있었다. 그런데 난데없이 두 지파가 '모세의 부르심'과 상관없는 '다른 사역'을 하고 싶다고 야단이다. 어떤 모세들은 이런 성도들에게 "왜 교회 일(가나안)에 집중하지 않느냐?", "왜 힘을 한 곳(가나안 전쟁)으로 모으지 않느냐?", "왜 나의 지시에 따르지 않느냐?"라고 말하기도 한다.

실제로 역사 속의 모세도 두 지파에게 화를 냈다. 안 그래도 부르심을 이루느라 골머리를 앓고 있는 모세에게 두 지파는 엄청난 스트레스였다. 모세는 두 지파가 불순종하는 것이라고 생각했고, 그들은 하나님을 사랑하지 않으며 교회 사역에는 관심이 없다고 판단했다. 그러나 두 지파는 하나님과 이스라엘(교회), 모세(담임 목사)를 사랑하는 것은 물론, 가나안 정복(교회 사역)에도 앞장서서 열심을 냈다(수 1:14).

모세가 그들에게 이르되 '갓 자손과 르우벤 자손이 만일 각각 무장하고 너희와 함께 요단을 건너가서 여호와 앞에서 싸워서 그 땅이 너희 앞에 항복하기에 이르면 길르앗 땅을 그들의 소유로 줄 것이니라'
(민 32:29)

너희의 처자와 가축은 모세가 너희에게 준 요단 이쪽 땅에 머무르려니와 '너희 모든 용사들은 무장하고 너희의 형제보다 앞서 건너가서 그들을 돕되'(수 1:14)

그런데 결과적으로는 '모세의 부르심'에 관심이 없어 보였던 두 지파 덕분에, 이스라엘 영토가 더 늘어났다. 이것은 부르심 밖의 일이었으니, 아무도 예상하지 못한 '보너스'였다. 그런데 보너스로 받은 '요단 동편'이 부르심으로 받은 '요단 서편'에 비해 절대 뒤지지 않는 놀라운 크기였다.

간혹 이렇게 부르심의 크기보다 몇 배의 일을 해내는 특출난 모세들이 있다. '요단 동편'(교회 밖 사역)은 '요단 서편'(교회 사역)으로는 만족하지 못하는 열정과 남다른 포부, 꿈, 특심을 가진 이를 통해 이루어진다. 그러므로 모세들은 르우벤과 갓 같은 성도 때문에 피곤해 하거나 스트레스를 받지 말고, 이렇게 말해야 한다.

"아! 이들 때문에 나의 영역과 상급이 커지겠구나!"

이런 마음으로 기뻐하며 그들을 격려하고 지원해 주면, 생각지도 못한 엄청난 보너스를 받게 될 것이다.

그런데 뜻밖에 속 좁은 목사들이 많다. 교회도 섬기지만, 교회 밖에 사역에 더 관심이 많은 '르우벤 성도'와 '갓 성도'를 시기하고 질투하는 모세들이다. 이런 모세들은 거대한 모세가 되길 스스로 포기하는, 쪼잔하고 어리석은 '찌질이 모세들'이다. 그래서 가정과 교회, 기업과 국가가 팍팍 성장하지 못하는 것이다. 모든 모세는 자기 사역만 위하는 리더가 아닌, 하나님 나라를 위하는 리더가 되어야 한다.

부르심이 작다고 불평할 필요가 없다. 하나님께서는 모든 리더에게 부르심보다 더 큰 '보너스'를 주시기 위해, 르우벤과 갓 같은 사람을 몰래 심어 놓기도 하신다. 그들을 야단치지 말아야 한다. 나무라서도 안 된다. 지혜롭고 아량이 큰 모세가 되어, 그들을 통해 많은 보너스를 받자!

모세의 기도 vs 백성의 기도

이제 우리에게는 두 가지의 기도가 필요하다.

첫째, 모세의 기도다. 내가 모세가 되어서 '하나님의 지팡이'를 잡고, 산 위로 등정하는 위대하고 눈부신 모습을 상상하며 기도하는 것이다. 나에게 남겨진 것이라고는 초라한 재능과 적은 푼돈, 그리고 50년도 채 남지 않은 꺼져가는 인생이지만, 이제 그것들은 '나의 것'이 아니라 '하나님의 것'이 되었다. 드디어 부르심에 눈을 뜨고 사명을 붙잡고, 하나님의 지팡이를 움켜잡았다. 그리고 큰소리로 선포한다.

"내가 하나님의 지팡이를 손에 잡고, 산꼭대기에 서리라!"

산 위로 올라가 역사의 무대 중심에 서게 되는 모습을 상상하자. 지팡이를 잡고 산 위로 오르는 내 모습을 보던 사람들이 하나둘씩 뭔가를 손에 잡고 일어서서, 거대한 군대가 되는 것을 상상하자. 이제부터 이 일이 시작된다고 믿으며 기도하고, 또 이 모든 일이 하나님 나라에서는 이미 다 이루어졌다고 믿으며 기도하자. 정말 그 일을 눈으로 보게 될 것이다!

둘째, 백성의 기도다. 내가 백성이 되어서 '하나님의 지팡이'를 잡고, 산 위로 등정하는 '나의 모세'를 산 밑에서 올려다보며 기도하는 것이다. '나의 모세'가 산 위로 올라가는 모습에 감격하여, 나 또한 '하나님의 무엇'을 붙잡았다. 리더의 부르심을 이루기 위하여, 하나밖에 없는 목숨을 아끼지 않고 거룩한 전투에 앞장서서 참여했다.

"기필코 이 전쟁에 승리하여 리더의 부르심을 이루리라! 리더의 부르심을 이루어 하나님 나라를 확장하고 견고케 하리라!"

이렇게 외치고 또 다짐하면서, 적군의 시체를 밟으며 한 발 한 발 전진하고 있는 나의 모습을 상상하며 기도하자. 수 년 안에 나의 모세에게 30배, 60배, 100배의 능력과 기름부음이 임할 것이다. 그가 이끄는 크고 작은 전쟁의 승리를 통해 하나님 나라가 빠르게 팽창하기 시작하고, 나 역시 엄청난 하늘의 사람으로 도약하여 '나의 모세의 부르심'과 '나의 부르심' 모두 넉넉하게 성취하는 일이 속히 이루어질 것이다. 정말 그 일을 눈으로 보게 될 것이다!

부르심 성취의 첩경

하나님께서 사람을 창조하실 때, 창조하신 목적이 있다. 그것을 하나님 입장에서는 창조의 목적이라 하고, 사람의 입장에서는 부르심이라고 한다. 하나님이 사람을 창조하신 목적, 그러니까 각 사람의 부르심은 사람의 수준이 아닌, 하나님의 수준이다. 그래서 모든 부르심은 매우 크고 위대하고 영광스럽다. 그래서 그 누구라도 모세처럼 자기 부르심의 전체를 알게 되면, 자기 부르심에 스스로 압도되어 넋이 나가 버린다. 뜨겁기로 둘째라면 서러울 정도의 광신자라 하더라도, 경기를 일으키며 발뺌하려고 버티게 된다. 그래서 하나님은 사람에게 부르심의 전체 그림을 보여주지 않으시고, 오랜 시간에 걸쳐 퍼즐 조각을 주듯이 조금씩 보여주신다.

부르심이 제아무리 크고 위대한들, 사람이 이룰 수 있는 것이다. 우리 하나님은 사람이 이룰 수 없는 것을 주시는 나쁜(?) 하나님이 아니시다. 우리는 부르심을 반드시 성취해야만 하는데, 그것이 보통 어려운 일이 아니다. 수많은 사람이 부르심을 성취하지 못하는 것을 보면, 얼마나 이것이 어려운지 알 수 있다.

그런데 부르심을 이루는 사람들을 살펴보면 어떤 공통점이 있다. 그리고 그 공통점을 빨리 깨달아 실행할수록 부르심을 성취할 확률이 높아진다. 부르심을 성취한 사람들이 시도했던 그 공통점을 '부르심 성취의 첩경'이라 한다.

부르심 성취의 첩경은 무엇일까?

첫째, 목숨을 내놓아야 '하나님의 지팡이'를 잡을 수 있다. 부르심은 사명이다. '부릴 사(使)', '목숨 명(命)'의 말뜻처럼, 목숨을 내놓지 않고 성취되는 사명은 없다. 그리고 모세처럼 사랑하는 '목자의 지팡이'를 버리고, 목숨을 걸고 '뱀 꼬리'를 잡은 후, 사명을 능히 이루게 해주시는 '하나님의 지팡이'를 잡아야 한다.

쓸모없는 '늙은 목동'이 이런 과정을 겪으면서 위대한 '하나님의 사람'으로 거듭나는 것이다.

둘째, '하나님의 지팡이'를 잡은 사람에게 '지팡이 효과'가 나타난다. 내가 하나님의 지팡이를 제대로 잡으면, 내 주변에 있었던 범인들이 부르심에 눈을 떠 '하나님의 무엇'을 붙잡고 일어나 '소수 정예부대'가 된다. 이것이 1단계 지팡이 효과다. 그 후 '소수 정예부대'가 나를 보호하고 도우며, 하나님의 부르심을 성취하는데 목숨을 걸게 된다.

셋째, '소수 정예부대'를 통해 수많은 '하나님의 백성'이 부르심에 눈을 뜨며, '하나님의 무엇'을 붙잡고 일어나 '거대한 하나님의 군대'가 된다. 소망 없는 '노예 집단'이 이런 과정을 겪으면서 위대한 '하나님의 군대'로 성장한다. 이것이 2단계 지팡이 효과다. 이렇게 지팡이 효과가 한 사이클을 돌면 상상을 초월하는 일들이 일어난다.

'지팡이 효과'는 1단계가 어려울 뿐이다. 여호수아 밑에 12지파의 족장들처럼, 예수님의 12사도처럼, 일단 나와 목숨을 함께 하며 하나님을 위해 목숨을 던질 '소수 정예부대'가 결성되면, 그때부터 2단계와 3단계는 급속도로 진행된다. 그러면 모세 같은 부르심이든, 여호수아 같은 부르심이든, 다윗 같은 부르심이든, 바울 같은 부르심이든, 어떤 부르심이든 다 이룰 수 있다. 모세처럼 죽었던 국가를 살릴 수도 있고, 여호수아처럼 타국을 정복할 수도 있고, 입다처럼 풍전등화의 국가를 지킬 수도 있고, 다윗처럼 국가를 건국할 수도 있으며, 바울처럼 세계 선교를 도모할 수도 있다. 이처럼 '부르심 성취의 첩경'은 목숨을 내놓아야 '하나님의 지팡이'를 잡을 수 있고, '하나님의 지팡이'를 잡은 사람에게 '지팡이 효과'가 나타난다. 이 두 과정을 반드시 거쳐야 하는데, 두 과정을 잇는 연결점이 '하나님의 지팡이'다. 그것 없이는 아무것도 이룰 수 없다.

'미치면(狂, 미칠 광), 미친다(及, 미칠 급)!'
'지팡이 효과'의 혜택을 받은 사람들 중에 거룩하게 미치지 않은 사람이 없었고, 그래서 부르심에 미치지 못한 사람이 없었다. 처음에는 발버둥쳤던 모세도 '하나님의 지팡이'를 잡으면서 부르심에 미쳤고, 그것을 보았던 여호수아와 아론, 훌도 하나님의 무엇을 잡으면서 '모세의 부르심'과 '각자의 부르심'에 미쳤다. 내가 '하나님의 지팡이'를 잡으면, 즉 내가 하나님의 사명에 미치면, 하나님의 사명에 미치는 사람들이 일어선다. 내가 하나님의 사명에 미치지 않았는데, 누가 하나님의 사명에 미칠 것이며, 내가 하나님의 사명에 목숨을 걸지 않았는데, 누가 하나님의 사명에 목숨을 던질 것인가? 모세가 '모세의 사명'에 미치고 목숨을 걸어야, 백성들이 일어선다!

당신이 인식하지 못할 정도로,
고요하게 진동하는 지팡이가 있다.
그 지팡이가 당신을 기다리고 있다.
아주 오랜 세월 동안….

어서, 그 지팡이를 잡아라!

필리핀중앙교회PCC청년들은 빈민가에 어린이 교회를 세웠다.
2013년 6월 30일 첫 어린이 교회, '니아'가 개척되었고
2018년 7월까지 총 153개의 어린이 교회가 개척되어
약 4,000명 이상의 빈민가 어린이를 품는 섬김을 하고 있다.

PCC

하나님의 지팡이가 필요한 사람들

아나 마리 자매 (여, 16세)

'아나 마리'는 부모님 이혼 후 언니와 함께 빈민촌에 살았다. 레오-말조리 부부의 전도로 '니아 교회' 성도가 되었고, 레오-말조리 부부의 집에서 집안일을 도우며 이들의 도움으로 학교에 다니고 있다. 처음 예수님을 믿었을 때는 11살이었지만, 이제 16살이 된 아나 마리는 가난한 아이들에게 복음을 전하다가 '만달루용 교회'를 개척해 현재 60명 넘는 아이들과 함께 예배드리고 있다. 빈민가에 어린이 교회에서 성장한 아이가 이제는 다른 빈민가로 찾아가 어린이 교회를 개척한 아름다운 신앙인이 되었다. 할렐루야!

'케네디'는 4살때 백화점에 버려졌다. 부모에게 버림당한 케네디는 막내아들의 사별로 상심에 빠져있던 부부의 양자가 되었다. 입양된 가정에서 사랑받으며 자랐지만, 마음 깊은 곳의 상처는 여전했다.

그러던 중 노방전도를 통해 필리핀중앙교회로 인도되어 많은 상처를 치유 받았고, 아브라함 신학교 강의 차 한국에 오신 강사 목사님께 훗날 '많은 고아의 아버지'가 될 것이라는 축복기도를 받았다. 그 후 하나님의 사랑에 큰 감동을 받아 '파식 교회'를 개척했다.

케네디 형제 (남, 16세)

오네시모(절원)형제(남, 23살)

어린 시절 절원의 아버지는 가족을 버리고 떠났다. 엄마가 데려온 새 아빠는 매일 절원을 심하게 구타했다. '이렇게 맞다가는 죽겠다!'는 생각에 맞는 도중 신발도 못 신고 가출을 했다. 그러다가 필리핀중앙교회에 나와 성령을 체험하고 방언도 받아 '신령한(?) 거지'가 되었다. 성경을 빌려가더니 그 후로 매일 교회 밖, 길 한가운데 자리 잡고 엎드려 성경을 읽었다. 아침에 일어나면 교회에 들어와서 샤워하고 교회 화장실 청소와 허드렛일을 도맡았다. 리더인 레오와 성경 공부를 끝내고 기도도 한 시간이나 하고서야 점심을 먹었다. 그리고 오후에는 거리로 나가서 자기의 본업인 '구걸'을 성실히 했다. 저녁에는 교회로 돌아와서 '저녁 기도회'에 참석하고, 저녁 식사 후에는 성경을 들고 밖으로 나가 '잠언'을 읽다가 노숙하는 새로운 삶을 반복했다.

그러던 어느 날 절원이 찾아왔다.

"아침마다 샤워하고, 깨끗한 옷을 입고, 머리에 젤까지 바르고 구걸을 하니, 하루 종일 100원 밖에 못 벌어요! 이제 구걸은 아닌 것 같으니 제발 무슨 일이라도 시켜만 주세요."

그의 간절한 요청에 나는 그를 격려하고 품어주었다.

"이제는 진짜 가족이 되었으니 오늘부터는 교회에서 자라!"

절원은 남은 인생을 하나님께 온전히 드리고 싶어서 아브라함 신학교 신학생이 되어 검정고시를 준비하고 있다. 톤도에서 '쓰레기 줍는 아저씨들'과 '거리의 아이들'에게서 자신의 옛 모습을 보았다며, 그곳에 교회를 개척했다. 그는 '톤도 교회', '만달루용 교회'를 담임하며 200명의 어린이를 하나님께 인도하는 훌륭한 리더가 되었다. 그리고 자기를 죽도록 때렸던 새 아빠를 용서하기까지 이르렀다. 그날 온 가족은 부둥켜안고 집은 눈물바다가 되었다. 온 가족이 교회로 나와 예수님을 믿기 시작했다. 그에게 더 이상 도망 다니며 살지 말라는 뜻으로, '오네시모'라는 이름을 지어 주었다.

클레렌즈 형제 (남, 15세)

'클레렌즈 형제'와 '조이스 자매'는 필리핀중앙교회에 나오면서 카톨릭 신자이신 부모님에게 심한 핍박을 받았다. 그러나 이 뜨거운 남매는 조금도 흔들리지 않고, 매일 '저녁 기도회'에 참석했다. 특히 클레렌즈는 주일에는 교회에서 살다시피 했다. 이에 화가 난 아버지는 클레렌즈를 구타했다. 하지만 구타를 당할수록 하나님을 향한 뜨거움이 더욱 커져갔다. 구타를 당하는 와중에도 아픈 배를 움켜잡고 집을 뛰쳐나와 친구들과 함께 빈민가 아이들에게 하나님 말씀을 전했다. 최근에는 만달루용 시Mandaluyong City에 '만달루용 교회'를 개척해서 많은 아이를 하나님께 인도하고 있다.

어린 시절, 부모님이 이혼하셨다. 엄마는 다른 남자와 새로운 가정을 꾸려 떠났다. 케넷은 이모 밑에서 자랐지만, 어려운 형편으로 학교를 그만두었다. 친부모에게서 버려진 상처, 거절감, 좌절감, 분노로 케넷은 술, 담배, 마약에 중독되었다. 2016년 12월, 아삽 전도사는 '케넷 형제'(당시 19살)를 길에서 전도했다. 케넷은 예수님을 영접하고 저녁 기도회에 참석하면서 술, 담배, 마약을 모두 끊었다. 현재는 검정고시를 준비 중이다. 리더인 아삽 전도사를 엄마처럼 생각하며 매주 사역을 따라다니며 돕다가 '퀘존 교회'를 개척했다.

케넷 형제 (남, 21세)

뎀버 형제 (남, 26살)

부모님의 이혼으로 10살이었던 뎀버 형제의 5남매는 친척들 집으로 뿔뿔이 흩어져서 자라게 되었다. 뎀버는 고모 집에서 학교에도 가지 못하고 온갖 일을 하며 주먹과 발로 심하게 구타당했다. 그렇게 사는 것이 너무 부끄럽고 수치스러워서, 어느 날 삼촌 집을 탈출했다. 12살 때부터 노숙자로 상점, 빨래방, 술집에서도 일하며, 길에서 담배도 파는 등 살기 위해 안 해본 일이 없이 살았다. 끝내 마약에도 손을 댔다. 한번 마약을 맛보니 마약을 사기 위해 수입이 적은 허드렛일을 그만두고, 큰돈을 버는 소매치기의 길을 걸었다.

그러나 하나님의 은혜였는지, 어느 날부터는 소매치기 인생을 뉘우치고 과감히 마약을 끊었다. 이후로 하루 종일 쓰레기통을 뒤지며, 재활용품을 모아다 팔며 하루하루를 버텼다.

　아브라함 신학교의 신학생이며 '파식 교회', '만달루용 교회'를 담임하는 '앤드류 형제'는 당시 24살이었던 노숙자 '뎀버 형제'를 전도해 교회로 데려왔다. 처음 교회에 온 날 뎀버는 거의 10년 만에 따뜻한 저녁밥을 배불리 먹고, 샤워를 하고, 한국의 어느 교회에서 보내준 깨끗한 헌옷을 입고 저녁 기도회에 참석했다. 그렇게 매일 저녁 기도회에 참석하면서 그의 인생은 빠르게 변했다. 새 사람이 된 뎀버는 거지 친구들에게도 복음을 전했다. 그렇게 '파식 교회'가 세워졌다. 뎀버의 꿈은 더 열악한 나라에서 사역하는 선교사가 되는 것이다.

나다나엘 형제 (남, 18세)

하나님을 사랑하며, 예배와 기도를 사랑했던 나다나엘은 어느 날부터 폐에 물이 차고, 심장이 한쪽만 비대해지는 이상한 병에 걸렸다. 통통했던 아이가 뼈만 남아서 결국 학교를 중단하고 몇 달째 병원 신세를 지게 되었다. 모자(母子)의 간절한 눈물의 기도로 나다나엘은 거동이 가능해졌다. 나다나엘은 자신을 고쳐주신 하나님께 감사해서 집 근처에 두 번째 '만달루용 교회'를 개척했다. 여전히 육체적인 힘은 부족하나 누구보다 열심히 사역하고 있다.

　　나다나엘을 위해 기도해 주신 생명수 교회의 양결 목사님께 진심으로 감사드린다.

어렸을 때 엄마가 돌아가셨다. 새 엄마는 이단 교회 성도였다. 노가다 현장에서 숙식하는 친오빠(26세)의 전도로 3남매는 모두 예수를 믿게 되었다. 그러자 이젠 술주정뱅이 아빠가 딸들을 때리며 학대하기 시작했다. 두 자매는 리더의 사역에 동참해서 어린이 사역을 돕다가 '파식 교회'를 개척해서 거리의 아이들을 섬기고 있다. 교회에서 사역까지 하는 딸들을 보며 아빠의 분노는 극에 달했다. 욕을 퍼 부으며 칼을 휘둘렀다. 죽을 수도 있겠다는 생각에 아이들은 교회로 도망쳐서 현재 리더와 함께 교회에서 숙식하며 신앙생활 하고 있다. 아빠는 "계속 교회에 다니면, 지방 친척집으로 보내버리겠다!"며 협박하지만, 아이들은 절대 교회와 신앙은 포기할 수 없다고 했다. 이 아이들은 오늘도 목숨 걸고 자신의 신앙을 지키고 있다.

자킬린 자매 (여 16세)   자킬루 자매 (여, 15세)

가난한 마을 조그만 집. 그곳에 '니콜', '카이라', '에로스', '앤죠' 네 남매가 살고 있다. 이혼한 엄마는 외국에서 파출부로 일하고 계신다. 찬양팀을 섬기는 장녀 '니콜'은 어려운 형편 때문에 동생들을 위해 학교를 포기했다. 없는 형편이지만 최악의 상황이 올 때마다 형과 누나를 위해서 막내 앤죠가 학교를 중단했다. 그렇게 여러 학기를 쉬다보니 15살 앤죠는 아직 초등학교도 졸업하지 못했다. 한때는 부모가 없는 자신들의 인생이 한스러웠으나 필리핀중앙교회에서 부모 없는 10대, 20대 청소년들의 뜨거운 신앙생활을 보고 큰 위로와 용기를 얻었다. 이 남매는 3개의 어린이 교회를 개척하여, 많은 길거리 아이들을 예수님께 인도하는 듬직한 예수의 군사로 자라고 있다.

니콜 자매 (여, 19세)   카이라 자매 (여, 18세)

부모가 없는 10대, 20대 아이들. 이 아이들은 필리핀중앙교회를 통해 예수님 안에서 뜨겁게 신앙생활을 하고 있다. 매일매일 '하늘 아버지'이신 하나님의 사랑에 감격한다. 그리고 오히려 더 어려운 삶을 사는 빈민가 아이들에게 복음을 전한다. 어린이 교회는 오늘도 그 열매로 계속 개척되고 있다. 우리 교회에는 이런 최악의 상황 속에서도 인생을 포기하지 않고 하나님을 의지하며 한 걸음씩 전진하는 10대, 20대의 청소년들이 함께 신앙을 지켜내고 있다.

에로스 형제 (남, 17세)   앤죠 형제 (남, 15세)

에필로그

2018년 1월, 나의 첫 책인 『그들에게는 예수의 심장이 뛰고 있다』가 세상에 나왔다. 명작은 아니지만, 많은 독자가 첫 사랑과 기도, 전도를 회복했다고 고백했다. 나같이 엉망진창인 사람이 세상과 하나님의 나라에 작게나마 기여했다는 것이 참 신기하고 놀랍다. 큰 은혜다.

2018년 7월, 나의 두 번째 책인 『하나님의 지팡이를 잡아라』가 세상에 나오게 되었다. 초신자 시절부터 예수전도단을 열렬히 좋아했는데, 예수전도단 출판사에서 책을 출판하게 될 줄이야! 하나님의 은혜가 놀랍다. 정양호 사장님을 비롯한 모든 직원분에게 진심으로 감사드린다.

나는 아무 짝에도 쓸모없는 사람인데, 많은 분에게 참 과분한 사랑을 받았다. 지면 상 모든 분을 열거하지 못해 죄송한 마음뿐이다.

옛 담임 목사님과 J전도사님께 항상 감사한 마음이다. 특별히 목사님은 나에게 하나님을 가르쳐 주셨고, 세례와 주례를 봐 주셨으며, 형편없는 나를 믿고 선교사로 파송해 주신 은인이다. 나의 교만과 부족함으로 교회와 이별하게 되었고, 부득이하게 11년째 자비량 선교사로 사역하고 있지만, 목사님과 전도사님을 잊어본 적이 없다. 그분들이 아니었으면 나는 지금까지 오지도 못했을 것이다.

PCC가 없는 내 인생은 상상도 할 수 없다. 사랑하는 나의 제자들, PCC 사역자들, ABC 신학생들, 그리고 오선민 선교사에게 하나님의 모든 선한 위로하심과 축복이 있기를!

　마지막으로 가족 이야기를 하고 싶다. 고졸에 백수였던 사람에게 귀한 딸을 주신 장인어른과 장모님의 은혜에 고개 숙여 감사를 드린다. 밝고 예쁘게 자라준 사랑하는 내 딸 지인이에게 항상 고맙다(아빠가 앞으로 잘해 줄게). 24살에 필리핀에 와서 오만가지 고생을 한 나의 기쁨이자 행복인 서주희 사모, 어떻게 나 같은 사람을 견디고 사는지 깊은 사랑과 존경을 전한다. 하나님은 내게 최고의 부모님을 주셨다. 못난 아들을 낳으시고 키우시느라 온갖 고생을 하신 윤해용 집사님, 이경남 권사님께 엎드려 감사의 인사를 드린다. 사랑합니다.

　사랑하는 나의 하나님! 어떻게 저 같은 사람을 쓰십니까? 저 같으면 저를 쓰지 않았을 겁니다. 30대 초반 저의 독선으로 크게 넘어졌을 때, 저를 버리셨더라면 참 좋으셨을 텐데요. 저 때문에 하나님의 명예에 흠이 가서 너무나 죄송합니다. 그러나 이왕 용서하시고 사용하시니, 부디 저를 불쌍히 여기시고 잘 사용해 주시길 거듭, 거듭, 거듭 부탁드립니다. 하나님! 조금만 기다려 주세요! 제가 정말 효도해 드릴게요!

하나님의 지팡이를 잡아라

지은이　　윤필립
2018년 7월 13일 1판 1쇄 펴냄

펴낸곳　　도서출판 예수전도단
출판 등록　1989년 2월 24일(제2-761호)
주소　　　서울특별시 마포구 성지 1길 7 (합정동)
전화　　　02-6933-9981 · **팩스** 02-6933-9989
전자우편　publ@ywam.co.kr
홈페이지　www.ywampubl.com

ISBN 978-89-5536-569-6

책값은 뒤표지에 있습니다.
잘못된 책은 바꾸어 드립니다.